（木刻珍藏版）

但聽命而行　無所處而不當

在家必讀內典

但取懷而予　有何欠而不圖

歐陽漸◎選編

景印在家必讀內典序

民國二十年辛未夏，宜黃大師歐陽竟無先生，因考試院戴院長季陶先生之屬，抉編在家必讀內典，凡十有五經。男子必讀者七：曰父母恩難報經，曰大方便佛報恩經孝養品，曰孛經，曰演道俗業經，曰中阿含經大品善生經，曰十善業道經，曰優婆塞戒經受戒品；女子必讀者七：曰鹿母經，曰銀色女經，曰玉耶女經，曰長者法志妻經，曰七女經，曰月上女經，曰優婆夷淨行法門經；而以四十二章經殿尾。其所揭旨歸：首為孝，次為慈，次為順，次為仁，次為敬，次為智，最後為道；皆所以明人倫、正人心、繕人性、而弘人道、與儒家數千年傳統倫常道德訢合無間者也！

四十七年戊戌春，豐城章斗航居士以此編見貽，邦道曾發起翻印，並得戴安國、戴家祥、李雪廬、朱騮先、張默君、盧于正、陳雄夫、陳芷町、馬旭樓、陳伯稼、胡秀松、周子慎、錢召如、曾雋中、傅銘新、董正之、葛妙信、周春煦諸先生之贊助，資以殺青。朱鐸民居士則以臺灣印經處名義，增印流通。讀者綜挈披尋，於存養省察之要，修齊治平之理，以及所知所行能增上、有究竟之義蘊，取精用宏，御繁執簡，譬之醍醐，有若伽陀；即依時賢所語，目之為佛教聖經，是亦未嘗不可耳。

爾際陰霾四塞，邪説狓猖，倫常隳毀，道德淪胥；有心之士，輒惄焉如擣！為防微杜漸，正本清源計，亟應復興華夏固有大生廣仁之文化。而儒釋融通，沆瀣一氣之經籍，如在家必讀內典者，自有倡導行布之必要也！福州吳馥麟居士慈悲喜捨，廣印經籍，既見此編而善之，遂發願重版。邦道以當時倉卒翻印，舛誤尚多；乃商斗航居士，另以其所丹黃支那內學院刻本，付諸景印，以存其真，並編入中華大典，傳諸奕禩。製版蕆事，爰述敘前後因緣，弁之卷首，俾世之覽者，畧知梗概焉！

中華民國六十二年六月十日，瑞金霧山居士周邦道謹識於中華學術院佛學研究所。

在家必讀內典敘

戴子季陶謂予曰。中國四萬萬人。信仰佛教者不下三萬萬。夫以三萬萬人之習慣風俗。委而棄之不理奚可也。中國民族。玁狁匈奴氐羯鮮卑滿蒙回藏。不下數十異種。仗佛教力數千年來融於一統者。委而棄之不理奚可也。教久弊深。不速改革。諸方牽掣。迫治滋多。然玄妙高深。但可以語上。淺近切實。始適當中流。予能抉擇十餘經刋而敘之。為在家必讀者乎。予曰。時其太平哉。天將啟明。大士化弘。夫化之不弘也久矣。豈唯佛法。中國古先哲人文武之道。何一而非墜地耶東海有聖人焉此心同此理同也西海有聖人焉此心同此理同也此心此理我固有之聖不能有所加愚不能有所損也心一而已發之於父則謂之孝發之於子則謂之慈發之於夫婦則謂之順發之於衆生則謂之仁發之於善知識則謂之敬發之於事有所知能抉擇則謂之智發之於行能增上有究竟則謂之道但聽命而行無所處而不當但取懷而予有何欠而不圓悲夫國人日棄大寶而瓦鑠是貧也大士化行時其太平哉挾父母恩難報經忍穢千年不足云報教趨安隱有信戒聞施慧乃稱其

恩。抉報恩經孝養品波羅奈國王避難絕糧子須闍提割肉濟親復刮餘殘速父前行時已辭地蚑復嗟之猶復忍楚誓願濟父母急拔衆生苦此此心此理發之於父則謂之孝也抉孝經孝性仁賢王用之而國治四臣夫人讒而棄之民乃疲於虐政王行國中悟而復孝寵四臣國如初古者天子有師三公論道咨政而行而天下平予無樂乎爲君唯其言而莫予違讒妻煽於內佞臣踞於外而天下危矣爲民上者儻於此經三致意焉此此心此理發之於善知識則謂之敬也抉演道俗業經在家有三財下守中事蓄上則供養哲人。俾施教於四方人民。蒙度出家有三品。二乘私而不徹。菩薩則爲人度。梵功成而一無所希。抉善生經。博戲非時。飲酒惡友。伎樂懶惰。有一於此則作事不營。功業不成。財不得而猶失。是之爲以六非道求財。父子師弟夫婦之道。親友主僕及與施主沙門之道。是之爲聖教中六方。應日作禮。此此心此理發之於事。有所知能抉擇。則謂之智也。抉十善業道經。佛勸龍王修十善道。一切法滅十善不滅。十善所生。一切法生。是五乘根本。亦一切戒本。因果皆利。以法莊嚴。速至菩提。抉優婆塞戒經受戒品。父母

妻奴國王皆許始可受戒。戒師一一詳詢無根本罪
了了明示持犯所關。更復反覆丁寧多方告誡。然後
授以三歸。授以六重四十八輕戒。此此心此理發之
於行能增上有究竟則謂之道也。上來七經在家男
子所必讀也。抉鹿母經。鹿妊始產。罥悸墮䔍。悲乞撫
子。還來就死。遂釋之去。吟。舐悲喜。教子水草。卑而就
於獵師。國人咸感。乃廢殺獵。此此心此理發之於子
則謂之慈也。抉銀色女經。產婦飢裂。將噉其子。銀色
女割乳合食。當爾之時。大悲所驅。無悔無異。乃轉男
子。午善治國。轉輾捨身施禽飼虎。此此心此理發之

於衆生則謂之仁也。抉玉耶女經。給孤獨子娶婦。婦大憍慢。佛化其家作水精色。毛豎而出。禮佛。說女身有十惡事。夫有十善三惡。爲婦有七輩。玉耶受化。願作婢婦。此此心此理。發之於夫婦。則謂之順也。抉法志妻經。法志妻豪勢。捶毒奴婢。佛言六度四梵。而得相好。以教奴婢。勝於撾杖。富貴須臾。應以信戒定慧瓔珞其身。應以大乘莊嚴其心。法志妻悟。發無上菩提心。抉七女經。婆羅門女端正無能訾。佛言六根不貪。乃至信施寶有福。是則爲好。顏色身體衣服寶不爲好。古亦有七女。塚閒說無常。現身證羅漢。女聞大悟。發無上菩提心。此此心此理發之於事有所知能抉擇則謂之智也。抉月上女經。月上端正豪族都求爲婦許行國中而自別擇。爾時無邊人衆競逐唱言我妻我妻。月上騰空持華說偈。衆悟同詣佛。途閒與舍利弗論義。既到佛所又與文殊等論義。感佛現通擲華供佛。十擲十願。而得受記轉男出家。抉優婆夷淨行法門經。佛以毗舍佉求法往因。爲說淨行十九事爲說優婆夷法門十事。更說其餘名修行品。說菩薩五十法而得菩提。得菩提已有光明相好。名修學品。說佛初生時瑞名瑞應品。此此心此理發之於行能增上有究竟則謂之道也。上來七經在家女人所必讀也。嗚乎國之不競。誠不如人。然此心此理所以爲國之基者猶在。但少精進奮發有爲苟能因其勢而導之。善其道而用之。安見匪强。晉自相忍。齊自大風。枳橘殊土。不可同也。蠱人之長覆己之轍皮之不存。毛將安傳也。禮讓之教旣千餘年。悲智之化復千餘年。然後乃能父子有親鄉黨有義男女有別上下有序。惕因果。耐勞苦擾之至勤終自圖存道路橋梁不衈解囊。此世界所希有而進化之易易者也。祓十四經而印之。豈不然乎。吾故曰。大士化弘。時其太平哉。戴子又言。四十二章雖不可考。然從諸典集錄而來。文順義精足移八也。予曰。然。附後可也。

民國二十年七月歐陽漸敘於支那內學院

在家必讀內典目次

玉耶女經十

佛說長者法志妻經十一

佛說七女經十二

佛說月上女經十三

優婆夷淨行法門經十四以上女子必讀

附四十二章經鈔

佛說父母恩難報經

後漢安息國三藏安世高譯

聞如是。一時婆伽婆在舍衛城祇樹給孤獨園。爾時世尊告諸比丘。父母於子有大增益。乳哺長養隨時將育。四大得成。右肩負父。左肩負母。經歷千年。更使便利背上。然無有怨心於父母。此子猶不足報父母恩。若父母無信。教令信獲安隱處。無戒與戒。教授獲安隱處。不聞使聞。教授獲安隱處。慳貪教令好施。勸樂教授獲安隱處。無智慧教令黠慧。勸樂教授獲安隱處。如是信如來至眞等正覺明行成爲善逝世間解無上士道法御天人師號佛世尊。教信法。教授獲安隱處。諸法甚深。現身獲果。義味甚深。如是智者明通此行。教令信聖眾。如來聖眾甚清淨。行直不曲。常和合法。法成就。戒成就。三昧成就。智慧成就。解脫成就。解脫見慧成就。所謂聖眾四雙八輩。是謂如來聖眾。最尊最貴。當尊奉敬仰。是世間無上福田。如是諸子當教父母行慈。諸比丘有二子。所生子所養子。是謂比丘有二子。是故諸比丘當學所生子口出法味。如是諸比丘當作是學。爾時諸比丘聞佛所說歡喜奉行。

佛說父母恩難報經

大方便佛報恩經孝養品

失譯人名在後漢錄

爾時大眾之中有七寶蓮華從地化生。白銀爲莖。黃金爲葉。甄叔迦寶以爲其臺。眞珠羅網次第莊嚴。爾時釋迦如來即從座起昇華臺上結加趺坐。即現淨身。於其身中現五趣身。一一趣身有萬八千種形類。一一形類現百千種身。一一身中復有無量恒河沙等身。於四恆河沙等一一身中復現四天下大地微塵等身。於一微塵身中復現三千大千世界微塵等身。於一塵身中復現於十方一一方面各百千億諸

佛世界微塵等數身。乃至虛空法界不思議衆生等
身。爾時如來現如是等身已告阿難言。及十方諸來
大菩薩摩訶薩及一切大衆諸善男子等。如來今者
以正徧知宣說眞實之言。法無言說。如來以妙方便。
能以無名相法作名相說。如來本於生死中時。於如
是等微塵數不思議形類一切衆生中具足受身。以
受身故。一切衆生亦曾爲如來父母。如來亦曾爲一
切衆生而作父母。爲一切父母故。常修難行苦行難
捨能捨。頭目髓腦國城妻子象馬七珍輦輿車乘衣
服飲食臥具醫藥一切給與。勤修精進戒施多聞禪

定智慧。乃至具足一切萬行。不休不息。心無疲倦。爲孝養父母知恩報恩故。今得速成阿耨多羅三藐三菩提。以是故一切衆生能令如來滿足本願故。是以當知一切衆生於佛有重恩。有重恩故如來不捨衆生。以大悲心故常修習有方便。爲一切三界二十五有諸衆生中不思己功修平等慈。常修捨行方便。亦明鑑一切衆生空法空五陰空。如是不退不沒不沈空有修實相方便故不捨二乘修徧學方便。以修如是甚深微妙方便故。得明鑒法相。佛法初終始末非一。然衆生昏濁猖狂有三。渴愛所覆沒於苦海爲四倒之所顛倒。於有漏法中妄想所見。無我見我。無常見常。無樂見樂。不淨見淨。生老病死之所遷滅。念念無常。五蓋十纏之所覆蔽。輪迴三有。具受生死。無有始終。譬如循環。是以如來教迹隨宜。三藏九部乃至十二部經分流道化。隨信深淺故說衆經典辯緣使封言者著自以頓足已得涅槃。是以如來慈悲本誓顯大方便運召十方一切有緣。有緣旣集。於此大衆中敷演散說此妙經典。垂訓千載。流布像法。使一切衆生常獲大安。是故。如來。乘機。運化。應時。而生。應時。而滅。或於異刹稱盧舍那如來。應供正徧知明行足善逝世間解無上士調御丈夫天人師佛世尊。或昇兜率陁天為諸天師。或從兜率天下現於閻浮提。現八十年壽。當知如來不可思議。世界不可思議。業報不可思議。眾生不可思議。禪定不可思議。龍王不可思議。此是佛不可思議。佛欲令一切眾生知佛心者。乃至下流鈍根眾生皆令得知。欲令一切眾生能得見者即便得見。欲令不得見者假令對目而不能見。正使聲聞緣覺有天眼通亦不得見。又佛放大光明下至阿鼻地獄上至有頂所應度者皆令得見。不應度者對目不見。有時如來或時許可。或時默然。當知諸佛世尊不可思議。不可測量。難可得知。汝今云何能問如來如是甚深微妙難行苦行。汝作是問眞是大悲愍傷衆生閉三惡道通人天路。阿難善聽。吾當爲汝略說孝養父母苦行因緣。爾時世尊告於阿難及諸大菩薩摩訶薩一切大衆而作是言。乃往過去無量無邊阿僧祇劫。爾時有佛號波羅奈。彼中有佛出世。號毗婆尸如來。應供正徧知明行足善逝世間解無上士調御丈夫天人師佛世尊。其佛壽命十二小劫。正法住世二十小劫。像法亦住二十小劫。於像法中有王出世。號曰羅闍王。波羅奈國王有二萬夫人。大臣有四千人。有五百健象王。主六十小國。八百聚落。王有三太子。皆作邊小國王。爾時波羅奈大王聰叡仁賢。常以正法治國。不枉人民。惟王福德力故風雨時節。五穀豐熟。人民優壤。爾時波羅奈大王有一所重大臣名曰羅睺。羅睺大臣心生惡逆。起四種兵。所謂象兵車兵馬兵步兵伐波羅奈國。斷大王命。已殺王竟。復遣四兵往詣邊國殺第一太子。次復往收第二太子。其最小弟作邊小國王。其小王者形體姝大端正殊妙。仁性調善語常含笑。發言利益不傷人意。常以正法治國。不邪枉人民。國土豐樂人民熾

盛多饒財寶家計充盈國土人民歎美其王稱善無
量虛空諸天一切神祇亦皆敬愛爾時其王生一太
子字須闍提聰明慈仁好喜布施須闍提太子者身
黃金色七處平滿人相具足年始七歲其父愛念心
不暫捨爾時守宮殿神語大王言大王知不羅睺大
臣近生惡逆謀奪國位殺父王竟尋起四兵伺捕二
兒已斷命根軍馬不久當至大王今者何不逃命去
也爾時大王聞是語已心驚毛豎身體掉動不能自
持憂恚懊惱喑嗟煩悶心肝惱熱宛轉躃地悶絕良
久乃蘇微聲報虛空中言卿是何人但聞其聲不見

其形。向者所宣審實爾不。即報王言。我是守宮殿神。以王聰明福德。不枉人民。正法治國。以是之故。先相告語。大王今者宜時速出苦惱衰禍。正爾不久。怨家來至。爾時大王即入宮中而自思念。我今宜應歸投他國。復自思惟向於鄰國而有兩道。一道行滿足七日乃到他國。一道經由十四日。即便盛七日道糧微服尋出。去到城外而便還入宮中。呼須闍提太子抱著膝上。目不暫捨。麤復驚起而復還坐。爾時夫人見其大王不安其所似恐怖狀。即前問言。大王今者似恐怖狀。何因緣故。坐不安所。身坌塵土。頭髮蓬亂。視瞻不均。氣息不定。如似失國恩愛別離怨家欲至。如是非祥之相。願見告語。王言吾所有事。非汝所知。夫人尋白王言。我身與王二形一體。如似鳥之兩翅身之兩足。頭之兩目。大王今者云何而言不相關預。王告夫人。汝不知耶。羅睺大臣近生惡逆。殺父王竟。伺捕二兄。亦斷命根。今者兵馬次來收我。今欲逃命。郎便抱須闍提太子即出進路。爾時夫人亦隨後從去。時王荒錯。心意迷亂。誤入十四日道。其道險難無有水草。前行數日。糧餉已盡。本意盛一人分糧行七日道。今者三人共食。誤入十四日道。數日糧食已盡。前路猶遠。是時大王及與夫人舉聲大哭。怪哉怪哉。苦哉苦哉。從生已來。常未曾聞有如是苦。如何今日身自受之。今日窮厄衰禍已至。舉首拍頭塵土自坌。舉身投地自悔責言。我等個世造何惡行。爲殺父母眞人羅漢。爲謗正法壞和合僧。爲畋獵漁捕輕秤小斗劫奪衆生。爲用招提僧物。如何今日受此禍對。正欲小停。懼怨家至。若爲怨得。必死不疑。正欲前進。飢渴所逼。命在呼噏。爾時大王及與夫人思是苦已。失聲大哭。王悲悶絕。舉身躃地。良久醒悟。復自思惟。不設方便。三人併命。不離此死。我今何不殺於夫人以活我身并續子命。作是念已。尋即拔刀欲殺夫人。其子須闍提見王異相右手拔刀欲殺其母。前捉王手語父王言。欲作何等。爾時父王悲淚滿目。微聲語子欲殺汝母。取其血肉以活我身并續汝命。若不殺者亦當自死。我身今者死活何在。今為子命欲殺汝母。爾時須闍提即白父言。王若殺母。我亦不食。何處有子噉於母肉。既不噉母。子俱當死。父王。今者何不殺子濟父母命。王聞子言。即便悶絕。宛轉躃地。微聲語子。子如吾目。何處有人能自挑目而還食也。吾寧喪命。終不殺子噉其肉也。爾時須闍提諫父王曰。父王今

者若斷子命。血肉臭爛。未堪幾日。惟願父母莫殺子
身。欲求一願。若見違者。非慈父母。爾時父王語太子
言。不逆汝意。欲願何等。便速說之。須闍提言。父母今
者爲愍子故。可日。日持刀就子身上。割三斤肉。分作
三分。一分奉上父母。一分還自食之。以續身命。爾時
父母卽隨子言。割三斤肉。分作三分。二分父母。一分
自食。以支身命。得至前路。二日未至。身肉轉盡。身體
肢節骨髓相連。餘命未斷。尋便倒地。爾時父母尋前
抱持。舉聲大哭。復發聲言。我等無狀。橫噉汝肉。使汝
苦痛。前路猶遠。未達所在。而汝肉已盡。今者併命聚

屍一處。爾時須闍提微聲諫言。已噉子肉。進路至此。計前里程。餘有一日。子身今者不能移動。捨命於此。父母今者莫如凡人併命一處。仰白一言。爲憐愍故。莫見拒逆。可於身諸節間淨刮餘肉。用濟父母。可達所在。爾時父母卽隨其言。於身肢節更取少肉。分作三分。一分與兒。二分自食。食已父母別去。須闍提起立住視父母。父母爾時舉聲大哭。隨路而去。父母去遠不見。須闍提太子戀慕父母。目不暫捨。良久躃地。身體當時新血肉香。於十方面有蚊虻聞血肉香來封身上。徧體唼食。楚毒苦痛。不可復言。爾時太子餘命未斷。發聲立誓。願宿世殃惡從是除盡。從今已往。更不敢作。今我此身。以供養父。母濟其所。重願我父母。常得十一。餘福。臥安覺安。不見惡夢。天護人愛。縣官盜賊。陰謀消滅。觸事吉祥。餘身肉血。施此諸蚊䖟等。皆使飽滿。令我來世。得成作佛。得成佛時。願以法食。除汝飢渴。生死重病。發是願時。天地六種震動。日無精光。驚諸禽獸。四散馳走。大海波動。須彌山王踊沒低昂。乃至忉利諸天。亦皆大動。時釋提桓因將欲界諸天下閻浮提。怯怖須闍提太子。化作師子虎狼之屬。張目[illegible]背。跑地大吼。波踊騰躑。來欲搏嚙。爾時須闍提見諸禽獸作大威勢。微聲語言。汝欲噉。我隨意。取食。何爲見。恐怖。耶。爾時天帝釋言。我非師子虎狼也。是天帝釋故來試卿。爾時太子見天帝釋歡喜無量。爾時天帝釋問太子言。汝是難捨能捨。身體血肉供養父母。如是功德。爲願生天作魔王梵王天王人王轉輪聖王。須闍提報天帝釋言。我亦不願生天作魔王梵王天王人王轉輪聖王。欲求無上正眞之道。度脫一切衆生。天帝釋言。汝大愚也。阿耨多羅三藐三菩提久受勤苦。然後乃成。汝云何能受是苦也。須闍提報天帝釋言。假使。熱。鐵。輪。在。我。頂。上。旋。終。不。

以此苦退於無上道。天帝釋言。汝惟空言。誰當信汝。須闍提即立誓願。若我欺誑天帝釋者。令我身瘡始終莫合。若不爾者。令我身體平復如本。血當反白爲乳。即時身體平復。如故。血即反白。爲乳。身體。形容。端正。倍常。起爲天帝釋頭面禮足。爾時天帝釋即歎言。善哉善哉。吾不及汝。汝精進勇猛。會得阿耨多羅三藐三菩提不久。若得阿耨多羅三藐三菩提時。願先度我。時天帝釋於虛空中即沒不現。爾時王及夫人得到隣國。時彼國王遠出奉迎。供給所須。稱意與之。爾時大王向彼國王說上事因緣。如吾子身肉孝養父母其事如是。時彼隣國王聞是語已。感須闍提太子難捨能捨。身體肉血供養父母。孝養如是。感其慈孝。故即合四兵。還與彼王伐羅睺。爾時大王即將四兵順路還歸。至與須闍提太子別處。即自念言。吾子亦當死矣。今當收取身骨還歸本國。舉聲悲哭隨路求覓。遙見其子身體平復。端正倍常。即前抱持悲喜交集。語太子言。汝猶活也。爾時須闍提具以上事對父母說。父母歡喜。其載大象還歸本國。以須闍提福德力故。伐得本國。即立須闍提太子為王。佛告阿難。爾時。父王者。今現我父輸頭檀是。爾時母者。今現我母。摩。耶。夫。人。是。爾。時。須。闍。提。太。子。者。今。則。我。身。釋。迦。
如。來。是。爾。時。天。帝。釋。者。阿。若。憍。陳。如。是。說此孝養父
母品時。衆中有二十億菩薩皆得樂說辯才利益一
切。復有十二萬億菩薩皆得無生法忍。復有十方諸
來微塵等數皆得陀羅尼門。復有恒河沙等微塵數
諸聲聞緣覺捨離二乘心究竟一乘。復有微塵數優
婆塞優婆夷或得初果乃至三果。復有百千人發阿
耨多羅三藐三菩提心。復有諸天龍鬼神乾闥婆阿
修羅迦樓羅緊那羅摩睺羅伽人非人等或發菩提
心乃至聲聞辟支佛心。佛告阿難。菩薩如是爲一切

衆生故。難行苦行孝養父母。身體血肉供養父母。其事如是。一切大衆聞佛說法。各得勝利。歡喜作禮右遶而去。

大方便佛報恩經孝養品

佛說孛經 亦云孛經鈔

吳月支優婆塞支謙譯

聞如是。一時佛在舍衛國。太子名祇。有園田八十頃。去城不遠。其地平正多衆果樹。處處皆有流泉浴池。其池清淨。無有蚑蜂蚊䖟蠅蚤。居士須達身奉事佛。受持五戒。不殺不盜不婬不欺不飲酒。見諦溝港。常好布施賑救貧窮人呼爲給孤獨氏。須達欲爲佛起精舍。周徧行地。唯祇園好。因從請買。太子祇言。能以黃金布地。令間無空者便持相與。須達曰諾。聽隨價敷。祇曰。我戲言耳。訟之紛紛。國老諫曰。已許價決不宜復悔。遂聽與之須達默念何藏金足祇謂其悔嫌貴自止。曰不貴也。自念當出何藏金耳。即時使人象負金出。隨集布地。須臾滿四十頃。祇感念佛必有大道。故使斯人輕寶乃爾。祇曰教齊是止。勿復出金。園地屬卿。我自欲以樹木獻佛。因相可適。便立精舍已各上佛。佛與千二百五十沙門俱止其中。是故名祇樹給孤獨園也。其王名卑先匿。舉宮中及人民皆共事佛。奉諸沙門衣食牀臥疾藥所宜。世無佛時。諸異皆興。譬如昏夜。炬燭爲明。天下有佛。衆邪皆歇。喻若日出。火無復光。國中本其事五百異道人。異道衆邪是時皆廢。諸異道人乃共嫉妬。謀欲毀佛以望敬事。其女弟子名孫陁利曰。師莫愁也。我能令人不復敬佛。事師如故。便從今始。欲日日粧梳衣服往詣佛諸沙門所。至一月後可默殺我。埋祇樹間。佯行求索。衆人當言數見此女往來精舍。卽詣王告乞吏搜索。啼哭出尸道其婬亂無戒行意。國人聞是。必當捨佛來事諸師。諸師曰善。女如其言。往來一月。師使四人共殺埋之。分布求已。詣闕告言。生亡一女。衆人悉見日日往來諸沙門所。乞吏搜求。王卽勅外部吏與行。諸師乃佯徘徊再三過。出尸轝載。徧行啼哭曰。沙門之法戒當淸淨。反婬人婦。恐事發覺。殺而藏之。有何道哉。國人聞此。多有信者。惟得道之人知詐僞耳。佛於是乃勅諸沙門且勿入城。七日之後。事情當露。至八日旦。佛使阿難至巷說曰。妄語讒人。天令口臭。詐誣淸白。死入地獄。凝虐自怨。長夜受苦。國人聞是語皆相謂曰。沙門必淸淨。故佛說此語耳。王使人微密伺之。見異道家竊相勞賀。其賜四人。異道人法知經多者得分多。一人頑闇得分獨少。怒曰。當反汝事。自共殺人而詐誣佛。反與我少。伺人得之。牽將上聞。到以實對。即收謀者。王與羣臣俱出詣佛。給孤獨氏諸淸

信士及國人民無數皆行詣佛。到已作禮畢。各一面
坐。王叉手白佛言。聞此謗莫不悵然。惟佛至真淸
淨無量。不識其故。何緣有此。佛告王曰。誹謗之生。皆
由貪嫉。而此久有。非適今也。王曰。願欲聞之。佛言。宿
命無數世時。我爲菩薩道常行慈心欲度脫萬姓。時
有蒲隣奈國廣博嚴好人民熾盛。中有梵志姓瞿曇
氏。才明高遠。國中第一。有三子。其小子者端正無比。
父甚奇之。爲設大會。請諸道人中外親戚。抱兒示之。
衆師相曰。是兒好道。有聖人相。必爲國師。因名爲字。
字幼好學。才藝過人。悉通衆經及天下道術九十六

種。死生所趣。山崩地動。災異禍福。醫方鎮厭。無所不知。能卻婬心。消伏蠱道。武略備有。而性慈仁。瞿曇沒後。二兒嫉之。數求分異。曰孛幼好學。事師消費。與分當少。母憐念之。數曉二子。二子不止。孛見兄意盛。自念人生皆為貪苦。我若不去者。兒終不息。因自報母求行學道。母便聽之。孛即去近明師作沙門。於山中自得四意止。一慈眾生。如母愛子。二悲世間。欲令解脫。三解道意。心常歡喜。四為能護一切不犯。復得四意諸佛所譽。一制貪婬。二除恚怒。三去癡念。四得樂不喜。逢苦不憂。又絕五欲。目不貪色。耳不貪聲。鼻不

貪香者不貪味身不貪細滑能以智慧方便之道順
化天下使行十善孝順父母敬事師長諸疑惑者令
信道德知死有生作善獲福爲惡受殃行道得道皃
憂厄者爲解免之疾病者爲施醫藥服孛教者死皆
生天其有郡國水旱災異孛至即平毒害惡除時有
大國安樂饒人王名藍達所任四臣專行邪諂婬盜
奸欺侵奪無厭民被其毒王不覺知孛愍傷之往到
城外從道人沙陀寄止七日乃入城欲乞食王於觀
上見孛年少儀容端正行步有異心甚愛敬即出問
訊王曰願道人留住我有精舍近在城外可以中止

當給所須。孛曰諾。王喜曰。意欲相屈。明日已去日日於宮食。孛曰善。王還向夫人說。孛非恆人。汝明日當見之。夫人心喜。牀下有犬。犬名賓祇。聞之亦喜。明旦孛來入宮。王與夫人迎爲作禮。與施金牀氍毹氀毲。孛欲就坐。犬前舐足。王自起行澡水。敬意奉食。已而俱出到外精舍。孛爲王說治國正法。王大喜歡。因請孛留。令與四臣共治國事。四臣愚怯不習戰陣。自知貪濁。常恐王聞。一臣曰。人死神滅。不復更生。一臣曰。貧富苦樂皆天所爲。一臣曰。作善無福。爲惡無殃。一臣自恃知占星宿。然皆佞諂不爲忠正。孛性聰明。高才勇健。仁義恭敬。信順寡言。言常含笑。不傷人意。清淨無欲。節色少事。其政不煩。豫知災異。能役使鬼神。御起死人。愛民如子。教之以道。不得酗酥遊獵畋漁彈射鳥獸。殺盜婬欺讒罵佞嫉諍怒妖疑。皆化使善。其爲政後。國界安寧。風雨時節。五穀豐熟。衆官承法。不復擾民。孛體無爲。獨貴奉佛。沙門四道。朝暮誦習。及其姊子亦賢有志。常師仰孛。國好學者多依附之。王無復憂。一以委孛。四臣畏忌。不得縱橫。興嫉妬意。謀欲治孛。共合財寶八一億數。伺王出時。以上夫人而自陳曰。臣等至意奉家所有。及身妻子當爲奴婢。

欲白一事。願蒙聽省。夫人貪得受其好寶。答謝四臣曰。便可說之。四臣對曰。王所幸孛。被服麤陋。似乞人耳。見任過重。不念國恩。且道夫人惡。教王遠房室。竊念夫人宜及少壯當有立子。今若失時。則絕國嗣。願熟思惟不除孛者。恐後有悔。夫人恚曰。王信此人。不知其惡。各且還歸。令自憂之。比令明日。使不見孛也。夫人遣四臣出。即以梔子黃面亂頭卻臥。須臾王還內妓白王。夫人不樂。王素重之。入問再三。夫人不應。王即怒曰。何人有罪應誅戮者。汝欲使我罪誰。那爾。夫人垂泣曰。王會不用我言耳。王曰。便說。不違汝也。

夫人即曰。王曰適出孛來謂我。今王老耄不能聽政。國中吏民皆伏從我。可以圖之。其此樂也。今反爲此乞人所謀。我故愁耳。王聞是語。譬若人噎。既不能咽。亦不得吐。不用。恐悔。用之。恐亂。念孛助我已十二年。常以忠正憂國除患。遠近賴之。此國之寶。不可治也。王曰。今治孛者。後必大亂。爲萬民故。且其忍之。夫人便自擲牀下。舉聲哭曰。不治孛者。我當自刺。自投樓下。不能見也。王復曉曰。汝亦知法。此非小事。起其議之。夫人還坐。王曰。道人不可刀杖加之。當以漸遣。稍減其養。明日來者勿復作禮。擎捲而已。與施木牀於殿下坐。炊惡斷米盛以瓦器。如是慚愧。極自當去。王說此時。賓祇不悅。夫人明旦。郎以王敎具勅內廚。孛來入宮。賓祇於牀下啀喋吠之。孛見狗吠。夫人擎捲。及所施設。郎知有謀。自念我欲無害於人。人反害我。如是當避入深山耳。小怨成大。不可輕也。彼以陰謀我宜愼之。凡人身羸行正爲强。今我自有食鉢水瓶革屣繖蓋漉水之囊。斯足用矣。孛食已。攝物欲去。王驚起曰。是何疾也。顧謂夫人乃使我失聖人之意。郎前牽孛。問欲何之。孛答曰。爲王治國十二年矣。未曾見賓祇啀喋如今也。是必有謀。故欲去耳。王曰實有。

今見孛意覺微甚明。願自勅勵。當誅惡人。不須去也。孛曰。王前意厚。而今已薄。及我。無過。宜以時去。夫盛有衰。合會有離。善惡無常。禍福自追。結友不固。不可與親。親而不節。久必泄瀆。如取泉水。掘深則濁。近賢成智。習愚益惑。數見生慢。疏則成怨。善交接者。往來以時。親而有敬。久而益厚。不善友者。假求不副。巧言利辭。苟合無信。接我以禮。當以敬報。待我以慢。當即遠避。有相親愛。迴相憎者。愛時可附。憎不可近。敬以親善。戒以遠惡。善惡無別。非安之道。人無過失。不可責侵。惡人事已。不可納。前人欲疏。已不可強親。恩愛已離。不可追。思鳥。宿枝。折。知更求。棲去。就有。宜。何必守。常。杓枝。不可攀。亂意。不可犯。人欲相惡。相見。不歡。唱而。不和。可知。爲薄。人欲相善。緩急。相赴。言以。忠告。可知。爲厚。善者。不親。惡者。不疏。先敬。後慢。賢愚。不別。不去。何待。夫人初拜。今但摯捲。若我不去。將見罵逐。初施金座。今設木牀。初盛寶器。今用瓦甌。初飯粳糧。今惡厮米。我不去者。且飯委地。知識相遇。主人覩之。一納如金。再納如銀。三納如銅。證現如此。不去何待。王曰。國豐民寧。孛之力也。今棄去者。後將荒壞。孛曰。天下有四自壞。樹繁。華果。還折其枝。虺蛇。含毒。反賊

其軀。輔相不賢。害及國家。人為不善。死入地獄。是為
四、自壞。經曰。惡從心生。反以自賊。如鐵生垢。消毀其
形。王曰。國無良輔。實須恃孛。若欲相委。是必危殆。孛
曰。凡人有四自危。保任他家。為人證佐。媒嫁人妻。聽
用邪言。是為四自危。經曰。愚人作行。為身招患。快心
放意。後致重殃。王曰。我師友孛。常在不輕。當原不及。
莫相捐去。孛曰。友有四品。不可不知。有友如華。有友
如稱。有友如山。有友如地。何謂如華、好時插頭。萎時
捐之。見富貴附。貧賤則棄。是華友也。何謂如稱、物重
頭低。物輕則仰。有與則敬。無與則慢。是稱友也。何謂、

如山譬如金山山鳥獸集之毛羽蒙光貴能榮人富樂
同歡是山友也何謂如地百穀財寶一切仰之施給
養護恩厚不薄是地友也王曰今我自知志思淺薄
聽用邪言使孛去也孛曰明者有四不用邪僞之友
佞諂之臣妖嬖之妻不孝之子是謂四不用經曰邪
友壞人佞臣亂朝嬖婦破家惡子危親王曰相與愛
厚宜念舊好不可孤棄也孛曰有十事知愛厚遠別
不忘相見喜歡美味相呼過言忍之聞善加歡見惡
忠諫難爲能爲不相傳私急事爲解貧賤不棄是爲
十愛厚經曰化惡從善切磋以法忠正誨厲義合友

道。王曰。四臣之惡。乃使孛恚。不復喜我。孛曰。有八事知不相喜。相見色變。眄睞邪視。與語不應。說是言非。聞衰快之。聞盛不喜。毀人之善。成人之惡。是爲八事。經曰。卒鬬殺人。尚有可原。懷毒陰謀。是意難親。王曰。是我頑弊。不別明闇。惡人所誤。遂失聖意。孛曰。有十事知人爲明。別賢愚。識貴賤。知貧富。適難易。明廢立。審所任。入國知俗。窮知所歸。博聞多識。達於宿命。是爲十事。經曰。緩急別友。戰鬬見勇。論議知明。穀貴識仁。王曰。自我得孛。中外恬安。今日相捨。永無所恃。孛曰。有八事可以恬安。得父財。有善業。所學成。友賢善。

婦貞良。子孝慈。奴婢順。能遠惡。是爲、八、事。經曰。生而有財。得友賢快。諸惡無犯。有福祐快。王曰。聖人之言。誠無不快。孛曰。有八事快。與賢。從事。得諮。聖人。性體。仁。和。事業。日。新。忿能。自。禁。慮能。防。患。道法。相。親。友不。相。欺。是爲、八事。經曰。有佛興快。演經道快。衆聚和快。和則常安。王曰。孛常易諫。今何難留。孛曰。有十不諫。慳貪好色。朦朧急暴。抵突疲極。憍恣喜鬬。專愚小人。是爲十。經曰。法語。專愚。如與聾。談。難化。之人。不可。諫。曉。王曰。如我憍恣。不能遠色。孛得無爲不復與我語乎。孛曰。人不與語有十事。慠慢憎鈍。憂怖喜豫羞慚

吃服仇恨凍餓事務禪思。是爲十事。經曰。能行說之
可。不能勿空語虛僞無誠信。明哲所不顧。王曰。惡婦
美姿。巧於辭令。如有外姝。卒何用知。孛曰。有十事可
卒知。頭亂髻傾。色變流汗。高聲言笑。視瞻不端。受彼
寶飾。闚看垣牆。坐不安所。數至鄰里。好出野遊。喜通
婬女。是謂十事。經曰。婦女難信。利口惑人。是以高士
遠而不親。王曰。人情所近。親信婦人。不知其惡。孛曰。
人有十事。不可親信。主君所厚。婦人所親。怙身強健。
恃有財產。大水潰處。故屋危牆。蛟龍所居。辜較縣官。
兇惡之人。毒害之蟲。是爲十。經曰。謂酒不醉。謂醉不

亂。君厚。婦愛。皆難保信。王曰。如孛所語。愛習生惡。是可嫉也。孛曰。可嫉有五。麤口傷人。讒賊喜鬭。譙譊不媚。嫉妬呪詛。兩舌面欺。是爲五。經曰。施勞於人。而欲蒙祐。殃及其軀。自遺廣怨。王曰。何所施行。人所愛敬。孛曰。愛敬有五。柔和。能忍。謹而有信。敏而少口。言行相副。交久益厚。是爲五。經曰。知愛身者。愼護所守。志尚高遠。學正不昧。王曰。何者爲人所慢。孛曰。見慢有五。鬚長而慢。衣服不淨。空無志思。婬態無禮。調戲不節。是爲五。經曰。攝意從正。如馬調御。無憍慢習。天人所敬。王曰。願孛留意。其還精舍。孛曰。有十事不延於堂。惡師邪友蔑聖反論婬泆嗜酒急弊長者無反復子婦女不節婢妾莊飾是、爲十。經曰。遠避惡人婬荒勿友。從事賢者。以成明德。王曰。孛在我樂。四方無事。今日去者。國中必嗟。孛曰。有八事可以安樂。順事。師長。率民。以孝。謙虛。上。下。仁和。其性。救危。赴急。恕己。愛人。薄賦。節用。赦恨。念舊。是爲、八、事。經曰。修諸德本。慮而後行。唯濟人命。終身安樂。王曰。吾常念孛。豈有忘時。孛曰。智者有十二念。雞鳴念。悔過。作福。早起。念拜親。禮尊。臨事。念當備豫。所止。念避危害。言語。念當至誠。見過。念以忠。告。貧者。念哀給。護有財。念行。布施。飲食念以時節分物念以平均御衆念用恩賜軍具念時繕治是爲十二經曰修治所務慮其備豫事業日新終不失時王曰安得大賢使留孛乎孛曰大賢有十行學問高遠不犯經戒敬佛三寶受善不忘制慾怒癡習四等心好行恩德不擾衆生能化不義善惡不亂是爲十行經曰明人難値而不比有其所生處族親蒙慶王曰我過重矣畜養惡人使孛恚去孛曰大惡有十五好殺刲盜婬泆詐欺諂諛虛飾佞讒誣善貪濁放恣酗酥妬賢毀道害聖不計殃罪是爲十五經曰奸虐饕餮怨譖良人行己不正死墮惡道王

曰。曉孛不止。使我慚愧。孛曰。人有十事可愧。君不曉政。臣子無禮。受恩不報。過不能改。兩夫一妻。未嫁懷妊。習不成就。人有兵仗不能戰鬭。慳人觀布施。奴婢不能使。是為十。經曰。世儻有人能知慚愧。是易誘進。如策良馬。王曰。吾始今日知有道者為難屈也。孛曰。有十二難。任使專愚難。怯弱御勇難。仇恨共會難。寡聞論議難。貧窮負債難。軍無師將難。事君終身難。學道不信難。惡望生天難。生值佛時難。得聞佛法難。受行成就難。是為十二。經曰。人命難得。值佛時難。法難得聞。聞能行難。王曰。今與孛談。益我有智。孛曰。略說其要。人所當知。有四十五事。修其室宅。和其家內。親於九族。信於朋友。學從明師。事必成好。才高智遠宜守以善。富當行恩。治產宜慎。有財當廣方業。子幼勿付財。相善與交。苟合莫信。財在縣官當早憂出。賣買交易以誠勿欺。凡所投止必先行視。所住當知貴賤。入國當親善人。客宜依豪無與强諍。故富可求復。素貧勿大望。寶物莫示人。匿事莫語婦。爲君當敬賢。厚勇取忠信。淸者可治國。趣事能立功。教化之紀孝順爲本。師徒之義貴和以敬。欲多弟子當務義誨。爲醫當有效驗。術淺不宜施用。病瘦當隨醫教。飲食取節便身。知識美食當其。博戲莫財命抵。所施假貸當手自付。證佐從正勿枉無過。諫怒以順避惡以忍。人無貴賤性和爲好。道以守戒清淨爲上。天下大道無過泥洹。泥洹道者無生老病死飢渴寒熱。不畏水火怨家盜賊。亦無恩愛貪欲衆惡憂患恐滅。故曰滅度。王當自愛。我今欲退。王曰。孛欲去者。寧復有異誡乎。孛曰。譬如大水所盪突處、雖百歲後、不當於中立城郭、也。其水必復順故而來。循惡之人。雖欲行善。故不當信。本心未滅。或復爲非。不可不戒。人所欲爲。譬如穿池。鑿之不止。必得泉水。事皆有漸。智者見微能濟其。

命如人健泅截流度也。王曰。前後所說我皆貫心。舉
國士女。靡不歡喜。舊惡低伏。無敢言者。願聞其言。儻
遭異人。何知其明。孛曰。明者問對種種別異。言無不
善。師法本正。以此知之。明人之性。仁柔謹慤。溫雅智
博。眾善所仰。無有疑也。觀其。言。行。心口。相應。省其。坐。
起。動靜。不。妄。察其。出。處。被服。施。為。可足。知。之。與明智
談。宜得其意。得其意難如把刃持毒。不可不慎也。王
曰。欲事明者。不失其意。為之奈何。孛曰。敬而。勿。輕。聞
受。必。行。明者識真體道無為。知來今往古一歸空無。
人物如化。少壯有老。強健則衰。生者必死。富貴無常。

是故安當念危盛存無常善者加愛不善黜遠雖有
仇恨不為施惡柔而難犯弱而難勝明人如是不可
慢也王曰盡心愛敬以事明智學有福乎孛曰智者
法聖以行其仁樂開愚蒙成人之智治國則以惠施
為善修道則以導人為正國家急難則能分解進退
知時無所怨尤恩廣德大不望其報事之得福終身
無患王其勿疑治政之法不可失道勸民學善益國
最厚王曰誰能留孛我心愁慘忽忽如狂垂泣向孛
懺悔解過孛曰如人不能泅不當入深水欲報仇者
不當豫嬈親厚中諍後更相謝雖知和解善不如本

無。諍也。善不能賞。反聽讒言。我如飛鳥。止無常處。道貴清虛。不宜人閒。如野火行。傍樹爲燋。激水破船。毒蟲害人。與智從事。不當擾也。草木殊性。鳥獸類分。白鶴自白。鸕鷀自黑。我與彼異。無欲於世。如田家翁。生習山藪。與之好衣。爲無益也。天下有樹。其名反戾。主自種之。不得食實。他人竊取。果則爲出。今王如是。善安國者而見驅逐。佞僞敗政。反留食祿。賓客久留。主人厭之。我宜退矣。王曰。人命至重。願垂憶念。今欲自力事孛勝前。孛曰。王雖言之。猶不得施。夫人意惡。我不宜留。天下家家皆有炊食。沙門所以持鉢乞者。自

樂除貪。全戒無爲遠罪咎也。王曰。今孛既去。莫便斷
絕。願時一來。使我不恨。孛曰。如俱健者。猶復相見。且
欲入山。以修其志。夫近而相念惡。不如遠而相念善。
智者以譬喻自解。請說一事。譬如有人以蜜塗刀。猶
得舐之。以傷其舌。坐貪小甜。不知瘡痛。四臣如是。但
美其口。心如利刀。王其戒之。自今以後。若有驚恐。常
念孛者。衆畏必除。孛復言曰。鵄梟樂塚。羣鼠糞居。百
鳥棲樹。鶴處汙池。物各有性。志欲不同。我好無爲。如
王樂國。器雖麤弊。不可便棄。各有所貯。愚賤不肖。亦
不可棄。各有所用。王當識此。我猶知人言意所趣。如

鳥集樹。先從下枝。間關趣上。見賓祇吠以知中外有謀。意欲厭故更受新也。孛曰。請退。即起出城。王與夫人啼泣送之。人民大小莫不號怨。王行且問孛誰可信者。孛曰。我姊子賢善可與諮議。時時其出巡行國中。觀民謠俗。可知消息。王曰受教。即與傍臣人民爲孛作禮。於是別去。孛去之後。四臣縱橫於外。以佞辯爲政。夫人於內以妖蠱事王。王意迷惑。不復憂國。耆婬好樂。晝夜躭荒。衆官羣寮發調受取無有道理。征卒市買不復雇直。强者陵弱。轉相抄奪。至相殺傷。不畏法禁。良民之子掠爲奴婢。六親相失。迸竄苟活。災

異相屬。王不能知。風雨不時。所種不收。國虛民窮。飢
餓滿道。歌謠怨聲。感動鬼神。人民愁怖。亡去略盡。號
泣而行。莫不思孛。孛如鴿鷹臨衆鳥上。壓伏奸人。慈
育民物。如天帝釋。孛姊子道人後適他郡。見國荒亂。
聚落毀壞。人民單索。還爲王說。大臣不正。放縱劫盜。
掠殺無辜。殘虐無道。人怨神怒。天屢降災。遠近皆知。
而王不覺。今不早圖。且無復民。王乃驚曰。果如孛戒。
我所任者如狼在羊中。知民當散如乘車逸馬。道人
既告。何以教之。道人曰。孛去國亂皆由奸臣。王宜更
計國尚可復。願一巡行。目見耳聞。當知其實。王即與

道人私出。按行國界。見數十童女年皆五六十。衣服弊壞。呼嗟而行。道人問曰。諸女年大何以不嫁。答曰。當使王家窮困如我快也。道人曰。汝言非也。王者位尊。可能憂汝。女曰不然。王治不正。使國飢荒。夜則困於盜賊。晝則窮於胥吏。衣食不供。誰當嫁娶我也。王復前行。見諸老母衣不蓋形。身羸目瞑。啼哭而行。道人問曰。皆有何憂。答曰。當使國王窮盲如我快也。道人曰。是言非也。老自目瞑。王有何過。諸母曰。我夜為盜所劫。晝為吏所奪。窮行採薪。觸犯毒螫。使我如此。非王惡耶。王復前行。見一女子跪搆牛乳。為牛所蹹。

躃地罵曰。當蹹王婦。如我快也。道人問曰。牛自蹹汝。王家何過。答曰。王治不正。使國荒亂。盜賊不禁。令我善牛見奪。爲弊牛所蹹。非王惡耶。道人言。汝自無德。不能搆牛。女曰。不然。若王家善。孛自當留。國不亂也。王復前行。見烏啄蝦蟇。蝦蟇罵曰。當使惡王見啄如我快也。道人曰。汝自爲烏所啄。王當護汝耶。答曰。不望護也。王無恩澤。政治不平。祭祀廢絶。天旱水竭。故使我身爲見啄耳。蝦蟇嘆曰。知爲政者。棄一惡人以成一家。棄一惡家以成一鄉。不知政者。民物失所。天下怨訟。道人曰。百姓無罪。呼嗟感天。神使蝦蟇降語。

如此。王自具見宜退。惡人改往。修來。與民。更始。如種。善地。雨澤。以時。何憂。不熟。王曰。今當任誰。道人言宜急請孛。孛仁。聖。知時。反國。必安。王還。即遣使者入山請孛言。若孛不還者。當向叩頭。道我自知怨負萬民。憂不能食。須待孛到。孛素慈仁。憂念十方。知我國荒。想必來也。使者受命。往到孛所。稽首白言。大王慇勤。致敬無量。自知罪過深重。違失聖意。使國荒亂。百姓窮困。涕泣思孛。不能飲食。願垂慇念。一來相見也。孛哀人民。故隨使者還。道見死獼猴。故剝取其皮。欲以生語。國人聞孛來。皆出界迎。孛到城外。止故精舍。王出相見。作禮問訊畢一面坐。叉手謝孛言。空頑不及。虐負萬民。請自悔勵。幸遂原之。孛曰甚善。四臣過耳語孛曰卿等無過何不公談。四臣悲曰。凡為沙門欲望天福人皆稱善。不當殺獼猴取其皮也。孛曰。卿等自迷惑不別眞僞耳。是非好惡。天悉知之。苦樂有本。不可强力。為惡罪追。雖久不解。作善福隨。終不敗亡。禍福在己。愚謂之遠。以我剝皮而殺獼猴難此似是卿曹默默為奸不止相殺事耶。言命在天。謂善無益。為惡無殃。禍福之報自然如響響應。隨聲。非從天墮。卿等作惡。豈不自識。雖欲誣之。自然不聽。此非謗我。

爲自中耳。卿一人言。人死神滅。不復生者。是聖語耶。
從意出乎。自欲爲惡。反言作善無福。爲惡無殃。夫天
之明象日月星辰列現於上。誰爲之者。四臣默然。孛
復曰。天地之間一由罪福。人作善惡如影隨形。死者
棄身。其行不亡。譬如種穀。種敗於下。根生莖葉實出
於上。作行不斷。譬如燈燭展轉然之。故炷雖消火續
不滅。行有罪福。如人夜書。火滅字存。魂隨神行轉生。
不斷。卿曹意志自以爲高。如人殺親可無罪乎。四臣
答言。夫蔭其枝者。不摘其葉。何况殺親而當無罪。孛
曰。然卿難我似是。吾取死皮。汝尚誣之。卿曹所爲法

當云何。卿一人言人死神滅不復生。一人言苦樂在天。一人言作善無福。爲惡無殃。一人自怙知占星宿。外陽爲善。內陰爲奸。譬如僞金。其中純銅。貌飾美辭。心行讒賊。如狼在羊中。主不能覺。天下惡人亦稱爲道。被髮臥地。道說經戒。專行諂欺。貪利欲得。愚人信伏。如雨掩塵。羣妖相厭。如水流溢。不時入海。多所傷敗。惟有聖人。能濟天下。化惡授善。莫不蒙祐。若善無福惡無殃者。古聖何故造制經典。授王利劍。夫行有報。其法自然。善者受福。惡者受殃。天之所疾。禍無久避。陰德雖隱。後無不彰。故國立王。王政法天。任賢使。

能賞善。伐。好。各隨。其。行。如響。應聲。人死。神去。隨行。往。生。如車。輪。轉。不得。離。地。信。哉。罪。福。不可。誣。也。人行。至。誠。鬼神。助。之。惡。雖。不。覺。終。必。受。殃。故。當。戒。愼。遠惡。知。慙。若皆為善。稟氣當同。不善者多。或有不平。或壽不壽。多病少病。醜陋端正。貧富貴賤。賢愚不均。至有盲聾瘖瘂跛蹇癃殘。百病。皆由。宿命。行惡。所致。其受百福。人所樂者。則是故世。善行使然。積德忠正故有日月星辰有天有人帝王豪貴。是明證也。何可言無。宜熟思之。勿謂不然。孝說是時。王與臣民無不解悅。孝復曰。古昔有王名為狗獵。池中生甜魚。甘而少骨。王使一人監護。令日獻八魚。其監亦日竊食八魚。王覺魚減。更立八監。使其守護。八監又各日竊八魚。守之者多。魚爲之盡。今王如是。所任不少。爲亂益甚。譬如人摘生果。旣亡其種。食之無味。王欲爲治。不用賢人。旣失其民。後又無福。治國不正。則使天下有諍奪之心。如人治產。不勤用心。則財日耗。國有勇武習戰陣者。不足其意。則弱其國。爲王不敬道德、不事、高明、生則。賢者。不歸。死則。神。不生。天。掠殺無辜。使天下怨訟。則天降災。身失令名。治國以法。爲政得忠。敬長愛少。孝順奉善。現世安吉。死得生天。譬如牛行。其導直正。

餘牛皆從。貴賤有導。率下以正。遠近伏化。則致太平。
爲君。當明。探古。達。今。動靜。知時。剛柔。得理。惠下。利民。
布施。平。均。如是。則世。世豪。貴。後可。得泥。洹。之道。衆坐
皆喜。稱善無量。王即避座稽首白言。今孛所語。譬如
疾風吹卻雲雨。孛本慈念。垂化如前。孛即起行。隨王
入宮。四臣愚癡。於是見廢。孛復治國。恩潤滂流。風雨
時。節。五穀。豐熟。人民。歡喜。四方。雲集。上下。和樂。遂致。
太。平。佛言。時孛者。今我。身是。也。姊子道人。則阿難。是。
時王藍達。今卑先匿是。時夫人則好首是。時犬賓祇
者。車匿是。時四大臣。則今四道人。殺好首者是。時語

蝦蟇者。今得。羅。漢。漚。陀。耶。是。我。為。菩。薩。世。世。行。善。勤苦。積。德。無。央。數。劫。為。萬。民。故。今。自。致。得。佛。所。願。皆。得。諸。值。我。時。聞。經。法。者。宜。各。精。進。為。善。勿。懈。佛說是已。有三。億。人。得。踐。道。跡。皆。受。五。戒。歡。喜。奉。行。

佛說孛經

佛說演道俗業經

乞伏秦沙門釋聖堅譯

聞如是。一時佛在舍衛國祇樹給孤獨園。與大比丘衆千二百五十。菩薩無數。四輩之衆天龍鬼神阿須倫會。時給孤獨氏與五百居士出舍衛城行詣佛所。稽首足下卻坐一面叉手問佛。居處治家財有幾輩。出家修道行異同乎。當奉何法疾成無上正眞之道。復以何宜化衆生耶。佛言。善哉問也。開發曈曚將來學施。佛言財有三輩。一曰下財。二曰中財。三曰上財。何謂下財。有人治產積聚錢財。不敢衣食。不修經戒。

不能孝順供養二親。不樂隨時給足妻子。欲其消息充飢飽賜。奴客徒使衣裁蔽形。食係口腹。抱愚守惜。如蜂愛蜜。不信先聖。不奉高士沙門道人。不好布施。種福爲德。心自計常不慮對至。合者必散。禍福自追。貪慕身地不覺惱恨。咄嗟沒過。入泥犁門。其身緣食四大⿸厂虫盛。神寄其中假號爲名。羸弱猶化危脆不固。不解非常倚世之榮。心懷萬憂謂亦長生。心存吾我。不達悉空。三界尙虛。況人物乎。汲汲迷惑貪婬嫉妬。如斯行者。是謂下財。奉養父母安和至心。出辭還返。不失顏色。晨定暮省。小心翼翼。念二親恩而無窮極。

給足妻子應時衣食。恩情歸流與共同歡。妻子如是也終無私行。瞻視奴客眷屬徒使不令飢乏。不信死後當復更生。謂死滅盡歸於無形。供孝所生念乳養恩。給足妻子戀恩愛情。瞻視僕使欲得其力。不能奉敬沙門道人。不肯行善布恩施德。後當得福與衆殊特。是謂中財。佛於是頌曰。

常能念乳養　孝順供二親　給足其妻子
隨時不失節。奴客及徒使　慰勞不加惡
下侍皆順從　遣行不違敎。不信後世生
聞之驚不喜　自計身有常　長存不終亡。

三界如幻化　當識此辭章　已所爲罪福
從本而受之。

佛復告長者。上財業者。謂其人若有財寶。能自衣食。孝順父母。不失時節。恆瞻顏色。不令懷慼。出不犯禁。入不違禮。造行清白。不使汙染。恭敬尊長。謙遜智者。啓受博聞等心不邪。下劣貧厄咸蒙伏荷。給贍妻子常令豐備。除諸邪念。修以正治。消息奴使不令窮匱。不妄撾罵。加之慈愍。奉敬先聖。至學正士。出家順法沙門賢明。夙夜行禮不失其意。布施所乏使成道德。恣講經典。并化癡冥。以善方便不失其時。自安護彼一切眾生。猶如牸牛食芻出乳。乳出酪。酪出酥。酥出醍醐。醍醐最柔特妙。其自安身愍哀十方。多所慈念。多所安隱。諸天人民皆得蒙度。是人最尊無上無比爲無儔匹。爲世大雄。獨步無侶。佛於是頌曰。

若有眾財業　以自好衣食　供養孝父母
不失其顏色。　出遊不犯禁　還返不違禮
造行常清白　順法不荒迷。　恭敬奉尊長
謙遜明智者　啓受博聞士　等心不慕邪。
隨時給妻子　各令得其所　慈賜奴僕使
衣食常豐足。　奉沙門學士　布施授供養

從受深妙法　棄捐癡聾盲。　愍傷十方人
不獨為身行　常自安其己　亦解一切厄。
譬如酥醍醐　本從芻草出　既可用安身
身和無疹疾。　普哀眾生類　其心常平一
以是四等行　速逮成至佛。

佛告長者。出家修道學有三品。一曰聲聞。二曰緣覺。三曰大乘。何謂聲聞。畏苦厭身。患無央數生死之難周旋之患。視身如怨。四大猶虵。五陰處賊。坐禪數息安般守意。觀身惡露不淨之形。畏色欲本痛想行識。怖地獄苦餓鬼之厄。畜生惱結人中之難。天上別離不可稱計。輪轉無休如獄中囚。欲斷生死勤勞之罪。
求無爲樂泥洹之安。但自爲己不念衆生。常執小慈
不興大哀。倚于音聲。不解空慧三界猶幻。趣自濟己。
不顧恩慈。是爲聲聞學。佛於是頌曰。

畏無量生死　周旋之艱難　心已懷恐懼
唯欲求自安。　坐禪而數息　專精志安般
觀身中惡露　不淨有若干。　棄捐三界色
斷欲得自安　不能修大慈　唯志樂泥洹。

佛告長者。緣覺者。本發大意爲菩薩業。布施持戒忍
辱精進。一心智慧。以用望想求爲尊豪。天上天下咸

令自歸。三十二相八十種好。威神德重。巍巍堂堂。無能及者。不解如來色身所現。因世愚人不識大道。斷生死流。不能及源。盡生死本。故爲現身。相好嚴容。文辭言教。以化愚冥。顯示大明及著相好。謂審有色像。雖行四等四恩六度無極三十七品觀十二緣。欲拔其源。不解本無希望大道。正使積德如虛空界。不得至佛。所以者何。用不達故。何謂不達。布施持戒忍辱精進一心智慧四等四恩有所希望。念救一切五趣生死。解空無相不願諸法。曉一切法如幻化夢野馬影響芭蕉泡沫皆無所有。道慧無形等如虛空。無所增壞普度衆生。佛於是頌曰。

本發菩薩意　志慕大乘業　但欲著佛身
不了無適莫。布施戒忍辱　精進禪息智
四等恩六度　惟己樂無爲。慕三十二相
八十好巍巍　天上天下尊　脫五陰六衰。
但察其麤事　不能觀深微　雖欲度十方
心口自相違。不了如幻化　水沫泡野馬
芭蕉如夢影　妄想甚衆多。正使作功德
猶如江河沙　心懷無上眞　不解除衆魔。

佛告長者。其大乘學。發無上正眞道意。行于大慈等如虛空。而修大悲無所適莫。不自憂。身。但念。五趣。一切。衆生。普欲。使。安。奉四等心慈悲喜護。惠施仁愛益義等利救濟十方。布施持戒。忍辱精進。一心智慧。六度無極無所希望。以施一切衆生之類。觀于三界往返。周旋勤苦。艱難不可稱計。念之如父如母如子如身等而無異爲之雨淚。欲令度厄至于大道。佛於是頌曰。

發無上大意　行慈悲喜護　大哀如虛空
行等無適莫。　立德。不爲。己。　唯爲。十。方。施。
度脫。諸。羣。生。　使至。大。道。智。

又有四事得至大乘。一曰布施給諸窮乏。二曰不擇豪劣行輕重心。三曰所可施與無所希望。不求還報。四曰以此功德施於眾生。佛於是頌曰。

布施攝貧窮　不行輕重心　志惠無希望
不求還得報。　慇念於羣黎　往來周旋者
以此功德施　悉令至大道。

佛告長者。奉戒有四事疾成大乘。一曰守口。護身心不念非。二曰出入。行步。不失。禮節。三曰不願生天轉輪。聖。王。釋。梵之位。四曰以是禁戒惠施眾生。佛於是頌曰。

常護身口意　心堅如太山　若出入行步
未曾失禮節。不願生天上　釋梵轉輪王
則以此正行　用惠一切人。
佛告長者。忍辱有四事。疾成大乘。一曰若罵詈者不
計音聲。二曰若撾捶者計如無形。三曰若毀辱者謂
如風吹。四曰有加害者。常懷大哀。佛於是頌曰。
撾罵令默然　自計本無形　設有恨意起
心輒還自止。和心顏色悅　眾人咸恭敬
用是得成佛　三十二相明。
佛告長者。精進有四事。一曰夙夜奉法。未曾懈廢。二

曰寧失身命。不違道教。三曰勤諷深典。不以懈倦。四曰廣欲救濟諸危厄者。是爲四。佛於是頌曰。

夙夜奉大法　未曾有忽忘　寧自失身命
不敢違道教　誦習深經典　不以爲懈倦
救濟衆危厄　不使心懷怨

佛告長者。禪思有四事。一曰樂習精修。閑居獨處。二曰靜身。口。心。令不憒亂。三曰雖在衆鬧。常能定己。四曰其心曠然。而無所著。佛於是頌曰。

恆好於精修　志閑居獨處　靜其身口意
未曾念憒鬧。　數處衆亂中。　心定無忽變。

一心見十方　道慧起神足。

佛告長者。智慧有四事。一曰解於身空。四大合成。散壞本無主名。二曰其生三界皆心所爲。心如幻化。倚立衆形。三曰了知五陰本無處所。隨其所著因有斯情。四曰曉十二緣本無根源。因對而對現。是爲四。佛於是頌曰。

悉解其身空　四大而合成　散滅無處所
從心而得生。　五陰本無根　所著以爲名
十二緣無端　了此至大安。

佛告長者。智慧復有六事。一曰解色如聚沫。二曰了痛癢如水泡。三曰思想如野馬。四曰曉生死如芭蕉。五曰察識如幻。六曰心神如影響。計本悉空。皆無處所。佛於是頌曰。

解色如聚沫　痛癢如水泡　思想猶野馬
生死若芭蕉　了識假譬幻　三界無一好
分別悉空無　爾乃至大道。

佛告長者。慈有四事。一曰慈念十方。二曰如母育子。三曰極愍念之。四曰如身無異。是為四。佛於是頌曰。

慈念於十方　如母育赤子　常懷極愍念
如身等無異。

佛告長者。哀有四事。一曰愍之。二曰為之雨淚。三曰身欲代罪。四曰以命濟之。喜有四事。一曰和顏。二曰善言。三曰說經。四曰解義。護有四事。一曰教去惡就善。二曰常訓誨歸命三寶。三曰使發道意。四曰開化眾生。是為四。佛於是頌曰。

愍念為雨淚　身欲代其罪　捨命而濟之
不以為懷恨。和顏演善言　講法分別義
教去惡就善　誨歸命三寶。

佛告長者。有四法疾成無上正真之道。一曰解空學無所求。二曰無想無所希望。三曰無願不慕所生。四曰常等三乘之業無去來今。是爲四。佛於是頌曰。

解空無所求　無想希望報　不慕願所生
常等三世行。

佛告長者。有四事法疾成佛道。一曰一切皆悉本淨。二曰而解萬物普如幻化。三曰生死斷滅皆從緣對。四曰計其緣對本亦無形。佛於是頌曰。

一切悉本淨　解物如幻化　生死從緣對
計本亦無形。

佛告長者。有六法疾成正覺。一曰身常行慈無怨無結。二曰口常行慈演深慧義。三曰心慈仁和調隱哀念十方。四曰護戒不造想求大乘之業。五曰正觀見十方空道俗不二。六曰供足乏食救身之業以濟危厄。是爲六。佛於是頌曰。

身常行慈心　未曾懷怨結　口恆修言慇

演深慧之誼。　心和仁調隱　哀念諸十方

護戒不起想　正觀十方空。

佛告長者。有四事疾成佛道。一曰奉精進業悉無所著。二曰教化衆生道心不斷。三曰遊于生死不以患厭。四曰大慈大哀不捨權慧。是爲四。佛於是頌曰。

精進無所著　教化未曾斷　不患厭生死

不廢捨權慧。

佛告長者。開化眾生有四事。一曰不信生死者。則以現事禍福喻之。二曰不信三寶。顯示大道。三曰迷惑邪徑。指語三乘佛道獨尊而無有侶。四曰三界所有悉如幻化。無一眞諦。是爲四。佛於是頌曰。

不信生死禍福示　　墮邪見者顯大道
佛道獨尊而無侶　　三界悉空如幻化。

佛告長者。開化復有七事。一曰慳貪者教令布施。二曰犯惡者誨令奉戒。三曰瞋恚者勸令忍辱。四曰懈怠者化令精進。五曰心亂者誨令定意。六曰愚冥者教令至學智度無極。七曰不知隨時顯權方便。是爲七。佛於是頌曰。

慳者教布施　犯惡令奉戒　瞋恚勸忍辱
懈怠勸精進。亂者使定意　愚冥教令學
智慧度無極　隨時發善權。

隨時菩薩問佛。何故學者有上中下。不悉普等至大乘乎。佛言學者其心見有遠近。解有深淺。志有優劣。故示三乘。計本無三。假引爲喻。譬如有人爲國大臣。聰明智慧。王之所重。參議國事。一以委託。不懷疑慮。又斯大臣有三親友。一曰太子。二曰尊者。三曰凡人。

大臣舉治國之政頗有漏失。衆人譖人白之於王。謂圖逆辟。王聞懷疑。問諸臣曰。當何罪之。諸臣得便各重罪之。或言斫頭。或言截手斷足。或言割耳及鼻。挑眼去舌。王察衆臣所議甚重。告曰不然。此人明達。偶有小失。不宜乃爾。當捉閉著獄。諸臣唯從。不敢復言。告邊臣曰。速下文書令收勑臣。閉在刑獄。時凡親友聞之悲念。欲使出獄。力劣不任。唯以衣被飲食所乏日日供之。亦不能令不見榜笞。尊者友聞。心用辛酸。往至其所。解喻獄吏。不令榜笞。痛苦休息。不堪出獄。王太子聞。以爲惆然。是吾親親。無有重罪。衆臣憎之。

讒之於王。不宜取爾。往詣王所。具陳本末。謂無逆肆。當用我故。願赦其殃。王用愛子。即赦使出獄。與王相見。令業如故。其國王者謂如來。其太子者智慧度無極善權方便菩薩。逮得無所從生法忍權慧之宜。乃能得出於三界獄。得成為佛。廣濟眾生。尊者親友謂行淨戒。免三惡趣。不免三界。可受天上人間福。不得至道。凡知友者謂布施業。此適能脫餓鬼之界。不免地獄畜生之厄。所以者何。如其所種。各得其類。發無上正真道意。奉於大慈無極大哀。開化一切。故得至佛道。本興大道。不達深法。不解進退。中止自廢。故為緣覺。畏生死難。往返周旋。但欲自濟。不念苦人。故墮聲聞。各隨本行而獲致之。說是經時。給孤獨園居士五百長者皆發無上正眞道意。有數千人遠塵離垢。諸法眼生。空後樂器不鼓自鳴。飛鳥走獸相和悲聲。當是之時。莫不歡喜。自歸佛者。居士復問。初學道者。始以何志。佛言。先習五戒。自歸於三。何謂五戒。一曰慈心仁恩不殺。二曰淸廉節用不盜。三者貞良鮮潔不染。四曰篤信性和不欺。五曰要達志明不亂。何謂三自歸。一曰歸佛無上正眞。二曰歸法以自御心。三曰歸衆。聖衆之中所受廣大。猶如大海。靡所不包。復有四法。一曰道跡。二曰往還。三曰不還。四曰無著。緣覺至佛。無上大道。得天人身。皆由之生。次行四等四恩四辯六度無極大慈大哀得成大道。前知無窮。卻覩無極。教訓。十方。何智不達。阿難問曰。此經何名。云何奉行。佛言名曰解俗家業三品之財。出家修道無上正真。其要號曰演道俗業。佛說如是。賢者阿難給孤獨居士五百清信士莫不歡喜。

佛說演道俗業經

善生經（出中阿含大品）

東晉罽賓三藏瞿曇僧伽提婆譯

我聞如是。一時佛遊王舍城。在饒蝦螟林。爾時善生居士子父臨終時。因六方故遺勑其子善教善訶曰。善生。我命終後。汝當叉手向六方禮。東方若有衆生者。我盡恭敬供養禮事彼。我盡恭敬供養禮事彼已。彼亦當恭敬供養禮事我。如是南方西方北方下方上方若有衆生者。我盡恭敬供養禮事彼。我盡恭敬供養禮事彼已。彼亦當恭敬供養禮事我。善生居士子聞父教已。白父曰唯。當如尊勑。於是善生居士子父命終後。平旦沐浴。著新芻摩衣。手執生拘舍葉。往至水邊。叉手向六方禮。東方若有眾生者。我盡恭敬供養禮事彼。我盡恭敬供養禮事彼已。彼亦當恭敬供養禮事我。如是南方西方北方下方上方若有眾生者。我盡恭敬供養禮事彼。我盡恭敬供養禮事彼已。彼亦當恭敬供養禮事我。彼時世尊過夜平旦。著衣持鉢入王舍城而行乞食。世尊入王舍城乞食時。遙見善生居士子平旦沐浴。著新芻摩衣。手執生拘舍葉。往至水邊。叉手向六方禮。東方若有眾生者。我盡恭敬供養禮事彼。我盡恭敬供養禮事彼已。彼亦當恭敬供養禮事我。如是南方西方北方下方上方若有眾生者。我盡恭敬供養禮事彼。我盡恭敬供養禮事彼已。彼亦當恭敬供養禮事我。世尊見已。往至善生居士子所問曰。居士子。受何沙門梵志教。教汝恭敬供養禮事。平旦沐浴。著新芻摩衣。手執生拘舍葉。往至水邊。叉手向六方禮。東方若有眾生者。我盡恭敬供養禮事彼。我盡恭敬供養禮事彼已。彼亦當恭敬供養禮事我。如是南方西方北方下方上方若有眾生者。我盡恭敬供養禮事彼。我盡恭敬供養禮事彼已。彼亦當恭敬供養禮事我耶。善生居士子答曰。世尊。我不受餘沙門梵志教也。世尊。我父臨命終時。因六方故。遺勅於我善教善訶曰。善生。我命終後。汝當叉手向六方禮。東方若有衆生者。我盡恭敬供養禮事彼。我盡恭敬供養禮事彼已。彼亦當恭敬供養禮事我。如是南方西方北方下方上方若有衆生者。我盡恭敬供養禮事彼。我盡恭敬供養禮事彼已。彼亦當恭敬供養禮事我。世尊。我受父遺教恭敬供養禮事故。平旦沐浴。著新芻摩衣。手執生拘舍葉。往至水邊。叉手向六方禮。東方若有衆生者。我盡恭敬供養禮事彼。我盡恭敬供養禮事彼已。彼亦當恭敬供養禮事我。如是南方西方北方下方上方若有眾生者。我盡恭敬供養禮事彼。我盡恭敬供養禮事彼已。彼亦當恭敬供養禮事我。世尊聞已。告曰。居士子。我說有六方。不說無也。居士子。若有人善別六方。離四方惡不善業垢。彼於現法可敬可重。身壞命終必至善處。上生天中。居士子。眾生有四種業四種穢。云何為四。居士子。殺生者是眾生業種穢種。不與取邪婬妄言者是眾生業種穢種。於是世尊說此頌曰。

殺生不與取　邪婬犯他妻　所言不真實
慧者不稱譽。

居士子。人因四事故便得多罪。云何爲四。行欲行恚行怖行癡。於是世尊說此頌曰。

欲恚怖及癡　行惡非法行　彼必滅名稱
如月向盡沒。

居士子。人因四事故便得多福。云何爲四。不行欲。不行恚。不行怖。不行癡。於是世尊說此頌曰。

斷欲無恚怖　無癡行法行　彼名稱普聞
如月漸盛滿。

居士子。求財物者當知有六非道。云何爲六。一曰種種戲求財物者爲非道。二曰非時行求財物者爲非道。三曰飲酒放逸求財物者爲非道。四曰親近惡知識求財物者爲非道。五曰常喜伎樂求財物者爲非道。六曰懶惰求財物者爲非道。居士子。若人種種戲者當知有六災患。云何爲六。一者負則生怨。二者失則生恥。三者負則眠不安。四者令怨家懷喜。五者使宗親懷憂。六者在衆所說人不信用。居士子。人博戲者不經營作事。作事不營。則功業不成。未得財物則不能得。本有財物便轉消耗。居士子。人非時行者當知有六災患。云何爲六。一者不自護。二者不護財物。三者不護妻子。四者爲人所疑。五者多生苦患。六者為人所謗。居士子。人非時行者不經營作事。作事不營。則功業不成。未得財物則不能得。本有財物便轉消耗。居士子。若人飲酒放逸者當知有六災患。一者現財物失。二者多有疾患。三者增諸鬪諍。四者隱藏發露。五者不稱不護。六者滅慧生癡。居士子。人飲酒放逸者不經營作事。作事不營。則功業不成。未得財物則不能得。本有財物便轉消耗。居士子。若人親近惡知識者當知有六災患。云何為六。一者親近賊。二者親近欺誑。三者親近狂醉。四者親近放恣。五者逐會嬉戲。六者以此為親友。以此為伴侶。居士子。若人親近惡知識者不經營作事。作事不營。則功業不成。未得財物則不能得。本有財物便轉消耗。居士子。若人喜伎樂者當知有六災患。云何為六。一者憙聞歌。二者憙見儛。三者憙往作樂。四者憙見弄鈴。五者憙拍兩手。六者憙大聚會。居士子。若人憙伎樂者不經營作事。作事不營。則功業不成。未得財物則不能得。本有財物便轉消耗。居士子。若有懶惰者當知有六災患。云何為六。一者大早不作業。二者大晚不作業。三者大寒不作業。四者大熱不作業。五者大飽不作業。六者大飢不作業。居士子。若人懶惰者不經營作事。作事不營。則功業不成。未得財物則不能得。本有財物便轉消耗。於是世尊說此頌曰。

種種戲逐色　嗜酒憙作樂　親近惡知識
懶惰不作業　放恣不自護　此處壞敗人。
行來不防護　邪婬犯他妻　心中常結怨
求願無有利　飲酒念女色　此處壞敗人。
重作不善行　很戾不受教　罵沙門梵志
顛倒有邪見　凶暴行黑業　此處壞敗人。
自乏無財物　飲酒失衣被　負債如涌泉
彼必壞門族。數往至酒鑪　親近惡朋友

應得財不得　是伴黨為樂。多有惡朋友
常隨不善伴　今世及後世　二俱得敗壞。
人習惡轉減　習善轉興盛　習勝者轉增
是故當習勝。習昇則得昇　常逮智慧昇
轉獲清淨戒　及與微妙止　晝則喜眠臥
夜則好遊行　放逸常飲酒　居家妄得成。
大寒及大熱　謂有懶惰人　至竟不成業
終不獲財利。若寒及大熱　不計猶如草
若人作是業　彼終不失樂。
居士子。有四不親而似親。云何為四。一者知事非親似如親。一者面前愛言非親似如親。二者言語非親似如親。四者惡趣伴非親似如親。居士子。因四事故。知事非親似如親。云何爲四。一者以知事奪財。二者以少取多。三者或以恐怖。四者或爲利狎習。於是世尊說此頌曰。

人以知爲事　言語至柔輭　怖爲利狎習
知非親如親。　常當遠離彼　如道有恐怖。

居士子。因四事故。面前愛言非親似如親。云何爲四。一者制妙事。二者教作惡。三者面前稱譽。四者背說其惡。於是世尊說此頌曰。

若制妙善法　教作惡不善　對面前稱譽
背後說其惡。　若知妙及惡　亦復覺二說
是親不可親　知彼人如是。　常當遠離彼
如道有恐怖。

居士子。因四事故。言語非親似如親。云何爲四。一者認過去事。二者必辯當來事。三者虛不眞說。四者現事必滅我當作不作認說。於是世尊說此頌曰。

認過及未來　虛論現滅事　當作不作說
知非親如親。　常當遠離彼　如道有恐怖。

居士子。因四事故。惡趣伴非親似如親。云何爲四。一

者教種種戲。二者教非時行。三者教令飲酒。四者教
親近惡知識。於是世尊說此頌曰。

教若干種戲　飲酒犯他妻　習下不習勝

彼滅如月盡。　常當遠離彼　如道有恐怖。

居士子。善親當知有四種。云何爲四。一者同苦樂當
知是善親。二者愍念當知是善親。三者求利當知是
善親。四者饒益當知是善親。居士子。因四事故同苦
樂當知是善親。云何爲四。一者爲彼捨己。二者爲彼
捨財。三者爲彼捨妻子。四者所說堪忍。於是世尊說
此頌曰。

捨欲財妻子　所說能堪忍　知親同苦樂
慧者當狎習。

居士子。因四事故。愍念當知是善親。云何爲四。一者教妙法。二者制惡法。三者面前稱說。四者卻怨家。於是世尊說此頌曰。

教妙善制惡　面稱卻怨家　知善親愍念
慧者當狎習。

居士子。因四事故。求利當知是善親。云何爲四。一者密事發露。二者密不覆藏。三者得利爲喜。四者不得利不憂。於是世尊說此頌曰。

竊事露不藏　利喜無不憂　知善親求利

慧者當狎習。

居士子。因四事故。饒益當知是善親。云何爲四。一者知財物盡。二者知財物盡已便給與物。三者見放逸教訶。四者常以慈念。於是世尊說此頌曰。

知財盡與物　放逸教慈念　知善親饒益

慧者當狎習。

居士子。聖法律中有六方。東方南方西方北方下方上方。居士子。如東方者如是子觀父母。子當以五事奉敬、供、養、父母。云何爲五。一者增益財物。二者備辦衆事。三者。所欲。則奉。四者。自恣。不違。五者。所有。私物。盡以奉上。子以此五事奉敬供養父母。父母亦以五事善念其子。云何為五。一者。愛念兒子。二者。供給無乏。三者。令子不負債。四者。婚娶稱可。五者。父母可意所有財物。盡以付子。父母以此五事善念其子。居士子。如是東方二俱分別。居士子。聖法律中東方者謂子父母也。居士子。若人慈孝父母者。必有增益則無衰耗。居士子。如南方者如是弟子觀師。弟子當以五事恭敬供養於師。云何為五。一者善恭順。二者善承事。三者速起。四者所作業善。五者能奉敬師。弟子以此五事恭敬供養於師。師亦以五事善念弟子。云何爲五。一者敎技術。二者速敎。三者盡敎所知。四者安處善方。五者付囑善知識。師以此五事善念弟子。居士子。如是南方二俱分別。居士子。聖法律中南方者謂弟子師也。居士子。若人慈順於師者。必有增益則無衰耗。居士子。如西方者如是夫觀妻子。夫當以五事愛敬供給妻子。云何爲五。一者憐念妻子。二者不輕慢。三者爲作瓔珞嚴具。四者於家中得自在。五者念妻親親。夫以此五事愛敬供給妻子。妻子當以十三事善敬順夫。云何十三。一者重愛敬夫。二者重供養夫。三者善念其夫。四者攝持作業。五者善攝眷屬。六者前以瞻侍。七者後以愛行。八者言以誠實。九者不禁制門。十者見來讚善。十一者敷設床待。十二者施設淨美豐饒飲食。十三者供養沙門梵志。妻子以此十三事善敬順夫。居士子。如是西方二俱分別。居士子。聖法律中西方者謂夫妻子也。居士子。若人慈愍妻子者。必有增益則無衰耗。居士子。如北方者如是大家觀奴婢使人。大家當以五事愍念給恤奴婢使人。云何爲五。一者隨其力而作業。二者隨時食之。三者隨時飲之。四者及日休息。五者病給湯藥。大家

以此五事愍念給恤奴婢使人。奴婢使人當以九事
善奉大家。云何為九。一者隨時作業。二者專心作業。
三者一切作業。四者前以瞻侍。五者後以愛行。六者
言以誠實。七者急時不遠離。八者行他方時則便讚
歎。九者稱大家庶幾。奴婢使人以此九事善奉大家。
居士子。如是北方二俱分別。居士子。聖法律中北方
者謂大家奴婢使人也。居士子。若有人慈愍奴婢使
人者。必有增益則無衰耗。居士子。如下方者如是親
友觀親友臣。親友當以五事愛敬供給親友臣。云何
為五。一者愛敬。二者不輕慢。三者不欺誑。四者施與

珍寶。五者極念親友臣。親友以此五事愛敬供給親
友臣。親友臣亦以五事善念親友。云何爲五。一者知
財物盡。二者知財物盡已供給財物。三者見放逸教
訶。四者愛念。五者急時可歸依。親友臣以此五事善
念親友。居士子。如是下方二俱分別。居士子。聖法律
中下方者謂親友親友臣也。居士子。若人慈愍親友
臣者。必有增益則無衰耗。居士子。如上方者如是施
主觀沙門梵志。施主當以五事尊敬供養沙門梵志。
云何爲五。一者不禁制門。二者見來讚善。三者敷設
床待。四者施設淨美豐饒飲食。五者擁護如法。施主

以此五事尊敬供養沙門梵志。沙門梵志亦以五事善念施主。云何爲五。一者教信行信念信。二者教禁戒。三者教博聞。四者教布施。五者教慧行慧立慧。沙門梵志以此五事善念施主。居士子。如是上方二俱分別。居士子。聖法律中上方者謂施主沙門梵志也。居士子。若人尊奉沙門梵志者。必有增益則無衰耗。居士子有四攝事。云何爲四。一者惠施。二者愛言。三者行利。四者等利。於是世尊說此頌曰。

惠施及愛言　常爲他行利　衆生等同利
名稱普遠至　此則攝持世　猶如御車人。

若無攝持者　母不因其子　得供養恭敬
父因子亦然。　若有此法攝　故得大福祐。
照遠猶日光　速利翻捷疾　不麤說聰明
如是得名稱。　定護無貢高　速利翻捷疾
成就信尸賴　如是得名稱。　常起不懶惰
憙施人飲食　將去調御正　如是得名稱。
親友臣同恤　愛樂有齊限　謂攝在親中
殊妙如師子。　初當學技術　於後求財物
後求財物已　分別作四分。　一分作飲食
一分作田業　一分舉藏置　急時赴所須。

耕作商人給　一分出息利　第五爲取婦
第六作屋宅。家若具六事　不增快得樂
彼必饒錢財　如海中水流。彼如是求財
猶如蜂採華　長夜求錢財　當自受快樂
出財莫令遠　亦勿令普漫　不可以財與
兇暴及豪强。東方爲父母　南方爲師尊
西方爲妻子　北方爲奴婢。下方親友臣
上沙門梵志。願禮此諸方　二俱得大稱
禮此諸方已　施主得生天。

佛說如是。善生居士子聞佛所說。歡喜奉行。

善生經

十善業道經

唐于闐三藏法師實叉難陀譯

如是我聞。一時佛在娑竭羅龍宮。與八千大比丘眾三萬二千菩薩摩訶薩俱。爾時世尊告龍王言。一切眾生。心想異故。造業亦異。由是故有諸趣輪轉。龍王。汝見此會及大海中形色種類各別不耶。如是一切。靡不由心造善不善身業語業意業所致。而心無色不可見取。但是虛妄諸法集起。畢竟無主無我我所。雖各隨業所現不同。而實於中無有作者。故一切法皆不思議。自性如幻。智者知已。應修善業。以是所生蘊處界等皆悉端正。見者無厭。龍王。汝觀佛身從百千億福德所生。諸相莊嚴光明顯曜蔽諸大眾。設無量億自在梵王悉不復現。其有瞻仰如來身者莫不目眩。汝又觀此諸大菩薩妙色嚴淨。一切皆由修集善業福德而生。又諸天龍八部眾等大威勢者亦因善業福德所生。今大海中所有眾生形色麤鄙。或大或小。皆由自心種種想念作身語意諸不善業。是故隨業各自受報。汝今當應如是修學。亦令眾生了達因果修習善業。汝當於此正見不動。勿復墮在斷常見中。於諸福田歡喜敬養。是故汝等亦得人天尊敬供養。龍王。當知菩薩有一法能斷一切諸惡道苦。何等為一。謂於晝夜常念思惟觀察善法。令諸善法念念增長。不容毫分不善間雜。是即能令諸惡永斷。善法圓滿。常得親近諸佛菩薩及餘聖衆。言善法者。謂人天身聲聞菩提獨覺菩提無上菩提皆依此法以為根本而得成就。故名善法。此法即是十善業道。何等為十。謂能永離殺生偷盜邪行妄語兩舌惡口綺語貪欲瞋恚邪見。龍王。若離殺生。即得成就十離惱法。何等為十。一於諸衆生普施無畏。二常於衆生起大慈心。三永斷一切瞋恚習氣。四身常無病。五壽命長遠。六恆爲非人之所守護。七常無惡夢。寢覺快樂。
八滅除怨結。衆怨自解。九無惡道怖。十命終生天。是
爲十。若能迴向阿耨多羅三藐三菩提者。後成佛時。
得佛隨心自在壽命。復次。龍王。若離偷盜。卽得十種
可保信法。何等爲十。一者資財盈積。王賊水火及非
愛子不能散滅。二多人愛念。三人不欺負。四十方讚
美。五不憂損害。六善名流布。七處衆無畏。八財命色
力安樂辯才具足無缺。九常懷施意。十命終生天。是
爲十。若能迴向阿耨多羅三藐三菩提者。後成佛時。
得證清淨大菩提智。復次。龍王。若離邪行。卽得四種

智所讚法。何等爲四。一諸根調順。二永離諠掉。三世所稱歎。四妻莫能侵。是爲四。若能迴向阿耨多羅三藐三菩提者。後成佛時。得佛丈夫隱密藏相。復次能王。若離妄語。卽得八種天所讚法。何等爲八。一口常清淨。優鉢華香。二爲諸世間之所信伏。三發言成證。人天敬愛。四常以愛語安慰衆生。五得勝意樂三業清淨。六言無誤失心常歡喜。七發言尊重。人天奉行。八智慧殊勝無能制伏。是爲八。若能迴向阿耨多羅三藐三菩提者。後成佛時。卽得如來眞實語。復次能王。若離兩舌。卽得五種不可壞法。何等爲五。一得不壞身。無能害故。二得不壞眷屬。無能破故。三得不壞信順本業故。四得不壞法行所修堅固故。五得不壞善知識。不誑惑故。是為五。若能迴向阿耨多羅三藐三菩提者。後成佛時。得正眷屬。諸魔外道不能沮壞。

復次龍王。若離惡口。即得成就八種淨業。何等為八。一言不乖度。二言皆利益。三言必契理。四言詞美妙。五言可承領。六言則信用。七言無可譏。八言盡愛樂。是為八。若能迴向阿耨多羅三藐三菩提者。後成佛時。具足如來梵音聲相。

復次龍王。若離綺語。即得成就三種決定。何等為三。一定為智人所愛。一定能以

智如實答問。三定於人天威德最勝。無有虛妄。是為
三。若能迴向阿耨多羅三藐三菩提者。後成佛時。即
得如來諸所授記皆不唐捐。復次龍王。若離貪欲。即
得成就五種自在。何等為五。一三業自在。諸根具足
故。二財物自在。一切怨賊不能奪故。三福德自在。隨
心所欲物皆備故。四王位自在。珍奇妙物皆奉獻故。
五所獲之物過本所求。百倍殊勝。由於昔時不慳嫉
故。是為五。若能迴向阿耨多羅三藐三菩提者。後成
佛時。三界特尊皆共敬養。復次龍王。若離瞋恚。即得
八種喜悅心法。何等為八。一無損惱心。二無瞋恚心。

三無諍訟心。四柔和質直心。五得聖者慈心。六常作利益安衆生心。七身相端嚴。衆共尊敬。八以和忍故速生梵世。是爲八。若能迴向阿耨多羅三藐三菩提者。後成佛時。得無礙心。觀者無厭。復次龍王。若離邪見。即得成就十功德法。何等爲十。一得眞善意樂。眞善等侶。二深信因果。寧殞身命。終不作惡。三惟歸依佛。非餘天等。四直心正見。永離一切吉凶疑網。五常生人天。不更惡道。六無量福慧。轉轉增勝。七永離邪道。行於聖道。八不起身見。捨諸惡業。九住無礙見。十不墮諸難。是爲十。若能迴向阿耨多羅三藐三菩提者。後成佛時。速證一切佛法。成就自在神通。爾時世尊復告龍王言。若有菩薩依此善業。於修道時能離殺害而行施故。常富財寶無能侵奪。長壽無夭。不為一切怨賊損害。離不與取而行施故。常富財寶無能侵奪。最勝無比。悉能備集諸佛法藏。離非梵行而行施故。常富財寶。無能侵奪。其家貞順母及妻子無有能以欲心視者。離虛誑語而行施故。常富財寶。無能侵奪。離眾毀謗。攝持正法。如其誓願所作必果。離離間語而行施故。常富財寶無能侵奪。眷屬和睦同一志樂。恒無乖諍。離麤惡語而行施故。常富財寶。無能侵奪。一切眾會歡喜歸依。言皆信受。無違拒者。離無義語而行施故。常富財寶。無能侵奪。言不虛設。人皆敬受。能善方便。斷諸疑惑。離貪求心而行施故。常富財寶。無能侵奪。一切所有悉以惠捨。信解堅固。具大威力。離忿怒心而行施故。常富財寶。無能侵奪。速自成就無礙心智。諸根嚴好。見皆敬愛。離邪倒心而行施故。常富財寶。無能侵奪。恒生正見。敬信之家。見佛聞法。供養眾僧。常不忘失大菩提心。是為大士修菩薩道時行十善業。以施莊嚴所獲大利。如是。龍王。舉要言之。行十善道以戒莊嚴故。能生一切佛法義利

滿足大願。忍辱莊嚴故。得佛圓音具眾相好。精進莊
嚴故。能破魔怨。入佛法藏。定莊嚴故。能生念慧。慚愧
輕安。慧莊嚴故。能斷一切分別妄見。慈莊嚴故。於諸
眾生不起惱害。悲莊嚴故。愍諸眾生常不厭捨。喜莊
嚴故。見修善者心無嫌嫉。捨莊嚴故。於順違境無愛
恚心。四攝莊嚴故。常勤攝化一切眾生。念處莊嚴故。
善能修習四念處觀。正勤莊嚴故。悉能斷除一切不
善法。成一切善法。神足莊嚴故。恒令身心輕安快樂。
五根莊嚴故。深信堅固。精勤匪懈。常無迷妄。寂然調
順。斷諸煩惱。力莊嚴故。眾怨盡滅。無能壞者。覺支莊

嚴故。常善覺悟一切諸法。正道莊嚴故。得正智慧。常
現在前。止莊嚴故。悉能滌除一切結使。觀莊嚴故。能
如實知諸法自性。方便莊嚴故。速得成滿為無為樂。
龍王。當知此十善業乃至能令十力無畏十八不共
一切佛法皆得圓滿。是故汝等應勤修學。龍王。譬如
一切城邑聚落。皆依大地而得安住。一切藥草卉木
叢林。亦皆依地而得生長。此十善道亦復如是。一切
人天依之而立。一切聲聞獨覺菩提諸菩薩行一切
佛法咸共依此十善大地而得成就。佛說此經已。娑
竭羅龍王及諸大眾一切世間天人阿脩羅等皆大

歡喜信受奉行。

十善業道經

優婆塞戒經受戒品

北涼中印度三藏曇無讖譯

善生言。世尊。在家菩薩云何得受優婆塞戒。善男子。在家菩薩若欲受持優婆塞戒。先當次第供養六方。東方南方西方北方下方上方。言東方者卽是父母。若有人能供養父母衣服飲食臥具湯藥房舍財寶。恭敬禮拜讚歎尊重。是人則能供養東方。父母還以五事報之。一者至心愛念。二者終不欺誑。三者捨財與之。四者爲娉上族。五者敎以世事。言南方者卽是師長。若有人能供養師長衣服飲食臥具湯藥。尊重讚歎恭敬禮拜。早起晚臥。受行善教。是人則能供養南方。是師復以五事報之。一者速教。不令失時。二者盡教。不令不盡。三者勝己。不生妒嫉。四者持付嚴師善友。五者臨終捨財與之。言西方者。即是妻子。若有人能供給妻子衣服飲食臥具湯藥瓔珞服飾嚴身之具。是人則是供養西方。妻子復以十四事報之。一者所作盡心營之。二者常作終不懈慢。三者所作必令終竟。四者疾作不令失時。五者常為瞻視賓客。六者淨其房舍臥具。七者愛敬言則柔軟。八者僮使軟言教詔。九者善能守護財物。十者晨起夜寐。十一者能設淨食。十二者能忍教誨。十三者能覆惡事。十四者能瞻病苦。言北方者即善知識。若有人能供施善友任力與之。恭敬歎言。禮拜讚歎。是人則能供養北方。是善知識復以四事而還報之。一者教修善法。二者令離惡法。三者有恐怖時能爲救解。四者放逸之時能令除捨。言下方者即是奴婢。若有人能供給奴婢衣服飲食病瘦醫藥。不罵不打。是人則能供給下方。奴婢復以十事報之。一者不作罪過。二者不待教作。三者作必令竟。四者疾作不令失時。五者主雖貧窮終不捨離。六者早起。七者守物。八者少恩多報。九者至心敬念。十者善覆惡事。言上方者卽是沙門婆羅門等。若有供養沙門婆羅門衣服飲食房舍臥具病痛醫藥。怖時能救。饉世施食。聞惡能遮。禮拜恭敬。尊重讚歎。是人則能供養上方。是出家人以五種事報之。一者教令生信。二者教生智慧。三者教令行施。四者教令持戒。五者教令多聞。若有供養是六方者。是人則得增長財命。能得受持優婆塞戒。善男子。若人欲受優婆塞戒增長財命。先當諮啟所生父母。父母若聽。次報妻子奴婢僮僕。此輩若聽。次白國主。國主聽已。誰有出家發菩提心者。便往其所頭面作禮。

歡言問訊作如是言大德我是丈夫具男子身欲受
菩薩優婆塞戒惟願大德憐愍故聽受是時比丘應
作是言汝之父母妻子奴婢國主聽不若言聽者復
應問言汝不曾負佛法僧物及他物耶若言不負復
應問言汝今身中將無內外身心病耶若言無者復
應問言汝不於比丘比丘尼所作非法耶若言不作復
復應問言汝將不作五逆罪耶若言不作復應問言
汝將不作盜法人不若言不作復應問言汝非二根
無根人壞八戒齋父母師病不棄去耶將不殺發菩
提心人盜現前僧物兩舌惡口於母姊妹作非法耶

不於大眾作妄語乎。若言無者。復應語言。善男子優婆塞戒極為甚難。何以故。是戒能為沙彌十戒大比丘戒及菩薩戒乃至阿耨多羅三藐三菩提而作根本。至心受持優婆塞戒。則能獲得如是等戒無量利益。若有毀破如是戒者。則於無量無邊世中處三惡道。受大苦惱。汝今欲得無量利益能至心受不。若言能者。復應語言。優婆塞戒極為甚難。若歸、佛、已。寧捨身。命。終不。依。於。自。在。天。等。若歸、法、已。寧捨身。命。終不。依。於。外。道。典。籍。若歸、僧、已。寧捨身。命。終不。依。於。外。道。邪。眾。汝能如是至心歸依於三寶不。若言能者。復應

語言。善男子優婆塞戒極爲甚難。若人歸依於三寶
者。是人則爲施諸眾生無怖畏已。若人能施無怖畏
者。是人則得優婆塞戒乃至阿耨多羅三藐三菩提。
汝能如是施諸眾生無怖畏不。若言能者。復應語言。
人有五事現在不能增長財命。何等爲五。一者樂殺。
二者樂盜。三者邪婬。四者妄語。五者飲酒。一切眾生
因殺生故。現在獲得惡色惡力惡名短命。財物耗減。
眷屬分離。賢聖呵責。人不信用。他人作罪。橫罹其殃。
是名現在惡業之果。捨此身已。當墮地獄。多受苦惱
饑渴長命。惡色惡力惡名等事。是名後世惡業之果。

若得人身。復受惡色短命貧窮。是一惡人因緣力故。令外一切五穀果蓏悉皆減少。是人殃流及一天下。若人樂偷。是人亦得惡色惡力惡名短命。財物耗減。眷屬分離。他人失物。於己生疑。雖親附人。人不見信。常爲賢聖之所呵責。是名現在惡業之果。捨此身已。墮於地獄。受得惡色惡力惡名。饑渴苦惱。壽命長遠。是名後世惡業之果。若得人身。貧於財物。雖得隨失。不爲父母兄弟妻子之所愛念。身常受苦。心懷愁惱。是一惡人因緣力故。一切人民。凡所食噉不得色力。是人惡果殃流萬姓。善男子。若復有人樂於妄語。是人現得惡口惡色。所言雖實。人不信受。眾皆憎惡。不喜見之。是名現世惡業之報。捨此身已。入於地獄。受大苦楚。飢渴熱惱。是名後世惡業之報。若得人身。口不具足。所說雖實。人不信受。見者不樂。雖說正法。人不樂聞。是一惡人因緣力故。外物一切資產減少。善男子。若復有人樂飲酒者。是人現世喜失財物。身心多病。常樂鬭諍。惡名遠聞。喪失智慧。心無慚愧。得惡色力。常為一切之所呵責。人不樂見。不能修善。是名飲酒現在惡報。捨此身已。處在地獄。受飢渴等無量苦惱。是名後世惡業之果。若得人身。心常狂亂。不能繫念思惟善法。是一惡人因緣力故。一切外物貧產臭爛。善男子。若復有人樂爲邪婬。是人不能護自他身。一切衆生見皆生疑。所作之事妄語在先。於一切時常受苦惱。心常散亂。不能修善。喜失財物。所有妻子心不戀慕。壽命短促。是名邪婬現在惡果。捨此身已。處在地獄。受惡色力。飢渴長命。無量苦惱。是名後世惡業果報。若得人身。惡色惡口。人不喜見。不能守護妻妾男女。是一惡人因緣力故。一切外物不得自在。善男子。是五惡法汝今眞實能遠離不。若言能者。復應語言。善男子。受優婆塞戒。有四事法所不應作。

何等爲四。爲貪因緣不應虛妄。爲瞋恚癡恐怖因緣不應虛妄。是四惡法汝能離不。若言能者。復應語言。善男子。受優婆塞戒。有五處所所不應遊。屠兒婬女酒肆國王旃陀羅舍。如是五處汝能離不。若言能者。復應語言。善男子。受優婆塞戒。復有五事所不應作。一者不賣生命。二者不賣刀劔。三者不賣毒藥。四者不得沽酒。五者不得壓油。如是五事汝能離不。若言能者。復應語言。善男子。受優婆塞戒。復有三事所不應爲。一者不作羅網。二者不作藍染。三者不作釀皮。如是三事汝能離不。若言能者。復應語言。善男子。受優婆塞戒。復有二事所不應爲。一者摴蒱圍碁六博。二者種種歌舞伎樂。如是二事汝能離不。若言能者。復應語言。善男子。受優婆塞戒。有四種人不應親近。一者碁博。二者飲酒。三者欺誑。四者酤酒。如是四人汝能離不。若言能者。復應語言。善男子。受優婆塞戒。有法放逸所不應作。何等放逸。寒時熱時。飢時渴時。多食飽時。清旦暮時。懅時作時。初欲作時。失時得時。怖時喜時。賊難穀貴時。病苦壯少年衰老時。富時貧時。爲命求財時。如是時中不修善法。汝能離不。若言能者。復應語言。善男子。受優婆塞戒。先學世事。既學。

通達如法求財若得財物應作四分一分應供養父
母己身妻子眷屬二一分應作如法販轉留餘一分藏
積俟用如是四事汝能作不若言能者復應語言善
男子財物不應寄付四處一者老人二者遠處三者
惡人四者大力如是四處不應寄付汝能離不若言
能者復應語言善男子受優婆塞戒有四惡人常應
離之一者樂說他過二者樂說邪見三者口軟心惡
四者少作多說是四惡人汝能離不若言能者應令
是人滿六月日親近承事出家智者智者復應至心
觀其身四威儀若知是人能如教作過六月已和合

衆僧滿二十人作白羯磨。大德僧聽。是某甲今於僧中乞受優婆塞戒。已滿六月中。淨四威儀。至心受持淨莊嚴地。是人丈夫具男子身。若僧聽者。僧皆默然。不聽者說。僧若聽者。智者復應作如是言。善男子。諦聽諦聽。僧已和合聽汝受持優婆塞戒。是戒即是一切善法之根本也。若有成就如是戒者。當得須陀洹果。乃至阿那含果。若破是戒。命終當墮三惡道中。善男子。優婆塞戒不可思議。何以故。受是戒已。雖受五欲而不能障須陀洹果至阿那含果。是故名爲不可思議。汝能憐愍諸衆生故。受是戒不。若言能受。爾時智者次應爲說三歸依法。第二第三亦如是說。受三歸已。名優婆塞。爾時智者復應語言。善男子。諦聽諦聽。如來正覺說優婆塞戒。或有一分。或有半分。或有無分。或有多分。或有滿分。若優婆塞受三歸已不受五戒。名優婆塞。若受三歸受持一戒。是名一分。受三歸已。受持二戒。是名少分。若受三歸持二戒已。若破一戒。是名無分。若受三歸受持三四戒。是名多分。若受三歸。受持五戒。是名滿分。汝今欲作一分優婆塞。作滿分耶。若隨意說。爾時智者當隨意授。既授戒已。復作是言。優婆塞者有六重法。善男子。優婆塞受持戒已。雖爲天女。乃至蟻子。悉不應殺。若受戒已。若口教殺。若身自殺。是人即失優婆塞戒。是人尚不能得煖法。況須陀洹至阿那含。是名破戒優婆塞臭優婆塞。旃陀羅優婆塞。垢優婆塞。結優婆塞。是名初重。優婆塞戒雖爲身命不得偷盜乃至一錢。若破是戒。是人即失優婆塞戒。是人尚不能得煖法。況須陀洹至阿那含。是名破戒優婆塞。臭旃陀羅垢結優婆塞。是名二重。優婆塞戒雖爲身命不得虛說我得不淨觀至阿那含。若破是戒。是人即失優婆塞戒。是人尚不能得煖法。況須陀洹至阿那含。是名破戒優婆塞。臭

旃陀羅垢結優婆塞。是名三重。優婆塞戒雖爲身命
不得邪婬。若破是戒。是人卽失優婆塞戒。是人尚不
能得煖法。況須陀洹至阿那含。是名破戒優婆塞臭
旃陀羅垢結優婆塞。是名四重。優婆塞戒雖爲身命
不得宣說比丘比丘尼優婆塞優婆夷所有過罪。若
破是戒。是人卽失優婆塞戒。是人尚不能得煖法。況
須陀洹至阿那含。是名破戒優婆塞。臭旃陀羅垢結
優婆塞。是名五重。優婆塞戒雖爲身命不得酤酒。若
破是戒。是人卽失優婆塞戒。是人尚不能得煖法。況
須陀洹至阿那含。是名破戒優婆塞。臭旃陀羅垢結

優婆塞。是名六重。善男子。若受如是優婆塞戒。能至心持不令毀犯。則能獲得如是戒果。善男子。優婆塞戒名為瓔珞。名為莊嚴。其香微妙。熏無邊界。遮不善法為善法律。即是無上妙寶之藏。上族種姓大寂靜處。是甘露味。生善法地。直發是心。尚得如是無量利益。況復一心受持不毀。善男子。如佛說言。若優婆塞受持戒已。不能供養父母師長。是優婆塞得失意罪。不起墮落。不淨有作。若優婆塞受持戒已。耽樂飲酒。是優婆塞得失意罪。不起墮落。不淨有作。若優婆塞受持戒已。汙惡不能瞻視病苦。是優婆塞得失意罪。

不起墮落。不淨有作。若優婆塞受持戒已。見有乞者。
不能多少隨宜分與。空遣還者。是優婆塞得失意罪。
不起墮落。不淨有作。若優婆塞受持戒已。若見比丘
比丘尼長老先宿諸優婆塞優婆夷等不起承迎禮
拜問訊。是優婆塞得失意罪。不起墮落。不淨有作。若
優婆塞受持戒已。若見比丘比丘尼優婆塞優婆夷
毀所受戒。心生憍慢。言我勝彼。彼不如我。是優婆塞
得失意罪。不起墮落。不淨有作。若優婆塞受持戒已。
一月之中不能六日受持八戒供養三寶。是優婆塞
得失意罪。不起墮落。不淨有作。若優婆塞受持戒已。

四十里中有講法處不能往聽。是優婆塞得失意罪。
不起墮落。不淨有作。若優婆塞受持戒已受招提僧
臥具牀座。是優婆塞得失意罪。不起墮落。不淨有作。
若優婆塞受持戒已。疑水有蟲故便飲之。是優婆塞
得失意罪。不起墮落。不淨有作。若優婆塞受持戒已
嶮難之處無伴獨行。是優婆塞得失意罪。不起墮落。
不淨有作。若優婆塞受持戒已。獨宿尼寺。是優婆塞
得失意罪。不起墮落。不淨有作。若優婆塞受持戒已。
爲於財命打罵奴婢僮僕外人。是優婆塞得失意罪。
不起墮落。不淨有作。若優婆塞受持戒已。若以殘食

施於比丘比丘尼優婆塞優婆夷。是優婆塞得失意罪。不起墮落。不淨有作。若優婆塞受持戒已。若畜猫狸。是優婆塞得失意罪。不起墮落。不淨有作。若優婆塞受持戒已。畜養象馬牛羊駝驢一切畜獸。不作淨施求受戒者。是優婆塞得失意罪。不起墮落。不淨有作。若優婆塞受持戒已。若不儲畜僧伽梨衣鉢盂錫杖。是優婆塞得失意罪。不起墮落。不淨有作。若優婆塞受持戒已。若為身命須田作者。不求淨水及陸種處。是優婆塞得失意罪。不起墮落。不淨有作。若優婆塞受持戒已。為於身命。若作市易斗秤賣物。一說價已。不得前卻捨賤趣貴。斗秤量物。任前平用。如其不平。應語令平。若不如是。是優婆塞得失意罪。不起墮落。不淨有作。若優婆塞受持戒已。若於非處非時行欲。是優婆塞得失意罪。不起墮落。不淨有作。若優婆塞受持戒已。商估販賣。不輸官稅。盜棄去者。是優婆塞得失意罪。不起墮落。不淨有作。若優婆塞受持戒已。若犯國制。是優婆塞得失意罪。不起墮落。不淨有作。若優婆塞受持戒已。若得新穀果蓏菜茹不先奉獻供養三寶。先自受者。是優婆塞得失意罪。不起墮落。不淨有作。若優婆塞受持戒已。僧若不聽說法讚

歎。輒自作者。是優婆塞得失意罪。不起墮落。不淨有
作。若優婆塞受持戒已。道路若在諸比丘前沙彌前
行。是優婆塞得失意罪。不起墮落。不淨有作。若優婆
塞受持戒已。僧中賦食若偏爲師選擇美好過分與
之。是優婆塞得失意罪。不起墮落。不淨有作。若優婆
塞受持戒已。若養蠶者。是優婆塞得失意罪。不起墮
落。不淨有作。若優婆塞受持戒已。行路之時遇見病
者。不住瞻視。爲作方便。付囑所在。而捨去者。是優婆
塞得失意罪。不起墮落。不淨有作。善男子。若優婆塞
至心能受持如是戒。是人名爲優婆塞中分陀利華

優婆塞中微妙上香優婆塞中清淨蓮華優婆塞中眞實珍寶優婆塞中丈夫之人。善男子。如佛所說菩薩、二種。一者、在家。二者、出家。出家菩薩名爲比丘。在家菩薩名優婆塞。出家菩薩持出家戒。是不爲難。在家菩薩持在家戒。是乃爲難。何以故。在家之人。多惡因緣。所纏繞故。

優婆塞戒經受戒品

佛說鹿母經

西晉三藏法師竺法護譯

佛言。昔者有鹿數百為羣。隨逐水草。侵近人邑。國王出獵。遂各分迸。有一母鹿懷妊。獨逝。被逐飢疲。失侶悵怏。時生二子。捨行求食。煢悸失錯。誤墮獵者弶中。悲鳴欲出。不能得脫。獵師聞聲。便往視之。見鹿心喜。適前欲殺。鹿乃叩頭求哀自陳。向生二子。尚小無知。始目矇矇。未曉東西。乞假須臾。暫還視子。將示水草。使得生活。并與二子。盡哀死別。長短命矣。願垂恕恩。愍及有識。若蒙哀遣。得見子者。誠非鹿獸所能報謝。

天祐有德福注罔極見遺之期不違信誓旋則就死
獸意無恨是時獵者聞鹿所言且驚且怪衣毛爲豎
其奇能言識出人情卽問鹿曰汝爲鬼魅山靈樹神
得無變惑假借其形以實告我令明其故鹿卽答曰
吾以先世貪殘之罪稟受鹿身至心念子故發口能
言非爲鬼魅惟見識憐生放死還甘心所全獵者聞
之信加其言心懷貪欲意不肯聽卽告鹿曰世人一
切倘無志誠況汝鹿畜憐子惜身尚全求生從死得
去豈有還期王命急切恐必知之罪吾失鹿更受重
責雖心不忍事不獲已終不相放鹿時惶怖苦言報

曰。鹿雖。賤畜。甘死。不。恨。求期。則。返。豈敢。違。命。人受。罪。譬。唯乞。假。許。為福。所。種。去則。子。存。留則。子。亡。聽往。時。還。神信。我言。夫死。何。足。惜。而違。心。信。顧念。二。子。是以懇。懇。生不。識。母。各當。沒。命。分死。全。子。滅三。痛。劇。鹿母低頭嗚嗷口說偈言。

我身為鹿獸　遊食於林藪　賤生貪軀命
不能故送死。　今來入君弶　自分受刀机
不惜腥臊身　但憐二子耳。　唯我前世時
暴虐不至誠　不信生死苦　罪福之分明。
行惡自招罪　今受畜獸形　若蒙須臾命

終不違信盟

於是獵者聞鹿言訴之聲。甚歎其奇。貪利成事。不欲放遣。即告於鹿。責數之曰。夫巧僞無實。姦詐難信。虛華萬端。狡猾非一。侵暴生種。犯人稼穡。以罪投身。入於吾弶。今當殺送供王厨食。不須妄語欺吾求脫。重身畏死。誰能効命。人之無良。猶難爲期。而況畜獸。全命免死。豈有還期。但當就死。終不相放。鹿時憶子恐懼前跪兩膝。低頭涕淚。悲訴鳴吟。重說偈言。

雖身爲鹿畜　不識仁義方　奈何受慈恩
得去不復還。　寧受分裂痛　無爲虛僞存

哀傷二子窮　乞假須臾間。宿世罪自然
故受畜生體　爲人所不信　殃禍自應爾
猶是招當來　欲脫畜生形　披肝露誠信
願聽重誓言。若世有惡人　鬪亂比丘僧
破塔壞佛寺　及殺持戒人。反逆害父母
兄弟與妻子　設我不來還　罪大過於是。
普世之極罪　劫盡殃不已　宛轉更燒煮
之彼復到此。可思之深重　受痛無終始
設我不來還　罪大過於是。
爾時獵者重聞鹿言。心益竦然。乃卻歎曰。唯觀世間一切人民。稟受宿福。得生爲人。愚癡冥昧。背恩薄義。不忠不孝。不信不仁。貪殘無道。欺僞苟全。不知非常。識別三尊。鹿但畜生。懇懇辭言。信誓明叩。有殊於人。情露丹誠。似如分明。識覩其驗。以察其心。便前解弶。放遣假之。於是鹿母出弶得去。且顧且馳。到其子所。低頭鳴子。舐其身體。一喜一悲。踟蹰徘徊。歎息啼吟。並說偈言。

一切恩愛會　皆由因緣合　合會有別離
無常難得久。今我爲爾母　恒恐不自保
生世多畏懼　命如露著草。

於是鹿母說此偈已。便將二子入於林藪。爲別食稼。示好水草。誡勑叮嚀。教生活道。念別子。孤淚下。如雨。悲鳴摧傷。說偈別言。

前世行欺詐　負債著恩愛　殘暴衆生命
自盜致彼殺。身作如影隨　今日當受之
畢故不造新　當還赴彼期。違佛不信法
背戾師父誡　自用貪無厭　放情恣癡意。
罪報爲畜生　當爲人作飼　自分不敢怨
畢命不復歎。貪求取非道　殺盜於前世
每生爲畜獸　宿命所追逮。結縛當就死

恐怖無生氣　用識三尊言　見遣盡恩愛。
吾朝行不遇　誤墮獵者弶　即當就屠割
破碎受宿殃。念汝求哀來　今當還就死
憐汝小雙孤　努力自活己。行當依羣類
止當依眾裏　食當隨侶進　臥當驚覺起。
慎勿子獨遊　食走於道邊　言竟便長別
就死不復還。

是時鹿母說此偈已。與子死。別遲迴。再三。低頭俛仰。唱聲。感哀。委背。而去。二子。鳴啼。悲泣。戀慕。從後。追尋。頓弊。復起。悲喚。叫。叫。說訴偈言。

貪欲慕恩愛　生爲母作子　始來受身形
受命賤畜軆。如何見孤背　斷命没終此
慕母情痛絶　乞得并就死。自念我生來
未識東與西　念母憐我等　當報乳養恩。
何忍長生別　永世不復存　念母爲我苦
不聊獨生全　無福受畜形　薄祐禍害至
始生於迷惑　當早見孤棄。凡生皆有死
早晚當就之　今日之困窮　當與母同時。
於是鹿子說此偈已。其母悲感。低頭號泣。哀悼怨歎。
迴頭。還顧。抗聲。悲鳴。告其子。言。爾還。勿。來。吾自畢。故。

以壽。當之。無得。母子。天。横。併命。吾死。甘。心傷。爾。未。識。世間。無常。皆當。別離。吾自。薄命。爾生。無祜。何爲。悲哀。徒益。憂患。但當。速行。畢債。於今。鹿母復鳴爲子說偈言。

吾前生貪愛　今受弊畜身　世生皆有死
無脫不終患　制意一離貪　然後乃大安
寧就至誠死　終不欺殆生

於是鹿子聞母偈音。益更悲戀。鳴涕相尋。至於弶所。東西求索。乃見獵者臥於樹下。鹿母。逕就。其邊。低頭。大。聲。以覺。獵。者。而說偈言。

投分全中實　畢壽於畜生　見放不敢稽
還就刀几刑　向所可放鹿　今來還就死
恩慈於賤畜　得見觧二子　將行示水草
爲說非常苦　萬沒無餘恨　念恩不敢負

爾時獵者聞鹿鳴聲說誠信之言驚覺即起心動竦然慈心發中口未得宣鹿便低頭前跪兩膝重向獵者喜自陳說以偈謝言

仁前見放遣　德厚過天地　賤畜被慈育
悲意不自勝　一切悉無常　忻然副信死
滅對畢因緣　怨盡從斯已　仁惠恩難忘

感受豈敢違　雖謝千萬辭　不足報慈恩

唯夫誠精誠　受禍歸自然　今日甘心死

以子屬仁君。

於是獵者感誠卽㾓。又重聞鹿說偈皆微妙之聲。加其篤信。捨生。就死。以副。盟誓。子母。悲啼。相尋。而至。斯鹿之。身。必非。凡庸。吾觀。世。士。未能。比。倫。雖復。獸。體。心若。神。靈。吾之。無。良。殘暴。來久。鹿乃。立。義。言。信。不。負。可爲。明。教。稽首。稟受。豈復。當。敢。生。犯害。心。卽時。獵。者。加肅。謙。敬。辭謝。遺。鹿。而說偈言。

神鹿。信。若。天。　言誓。志。願。大。　今我。心。疎。懼。

豈敢加逆害。　寧自殺鄙身。　妻子寸寸分。
何忍向天種。　有想害靈神。
獵者說此偈已。即以慈心遣鹿。重復辭謝。悔心自責。
鹿見遣去。出就其子。子望見母。得生出還。踊馳走趣。
跳躁悲鳴。子母相得。俱歡俱喜。一俛一仰。鳴聲呦呦。
悲感受活生蒙大恩。即仰頭謝獵者而說偈言。

賤畜生處世　當應充廚宰　即時分享俎
覓假辭二子　天人重愛物　復蒙放赦原
德祐積無量　非口所能陳

爾時鹿母說此偈謝已。將率二子還于深林。鳴羣嘯

侶。以遊以集。安身草澤。以寧峻山。獵者於後深自惟
言。鹿但。畜生。信義。施身。既免。即濟。見者。加稱。我之。為
暴。何廣。於心。即時。啟寤。散意。歸仁。放弩。壞弶。無復。殺
心。詣于廟寺。請稟沙門。稽首額面。自歸自陳。奉順慈
義。畢志正眞。便往白王。具說鹿言。王聞其說。心喜驚
歎。鹿獸有義。我更貪殘。文此鹿慧深達言教知仰三
尊。我國弊冥事彼妖言。誠可捨棄。以保永全。普國人
民無不聞知。畜獸。行。義。現獲。信證。大道。之。化無隱。不。
彰。於是國王即請會羣臣宣令國民。吾之為闇不別
眞偽。啟受邪師。言是偽神。妖祭無道。殘暴眾生。不如

鹿者明識三尊自今已後普國率民廢彼邪宗皆歸
正眞詣于佛寺請受聖衆冀以後世長獲其福臣下
羣僚國民大小皆信三尊奉五戒十善爲期三年國
豐太平民皆壽樂鹿之祐矣佛語賢者阿難唯吾普
權累劫行恩慈救衆生其信如是爾時鹿母者我身
是也二子者羅云及朱離母則是國王者舍利弗是
獵者阿難是界上民走白王者調達是佛時說已於
鹿腨腸放大光明遍照東西南北四隅十方各千佛
剎吾其光明所之各有化導師子座及寶蓮華或爲
法師比丘現肉體者或爲帝王及長者子者或凡人

黎庶現卑賤者。或人羣生爲畜獸者。各各以光明導御說法。爾時所說鹿母信誓功德以爲法訓。法音入心莫不信受。其者皆歸無上正眞之道。佛卽迴光等接。遍照閻浮提內悉令普徹。其蒙光者逮安隱想。爾時衆中有八百比丘意志四道以證道迹。聞說鹿母於畜生之中發起大意以信成道。感悟變化。卽時反悔。前白佛言。願立信誓爲菩薩道。唯佛加哀。助利我等。當以建行荷負衆生。救濟一切。至死不離。卽時逮得僧那僧涅弘誓之鎧。爾時阿難整服長跪白世尊言。此諸比丘罔識大乘。不受正諦。如今開悟逮得法證。離淵越塹。何其疾也。誠非小道所能信明。大會有疑。唯願世尊說其緣由以釋將來。佛言。善哉阿難。汝問快也。斯承先識。非今所造。是諸比丘迺昔鹿遊國民。信受王命奉順三寶。加鹿即感。皆願無上正眞意。中間癡闇不復習行。雖以遇我得作沙門。忽棄本願。迷於大乘。今聞我說前世本末。閉結疑解。得無想安隱。是其宿命識神使然。佛說是時。八百比丘皆得阿惟越致。力士聚中有八千人見證心解除放逸行。皆發無上正眞之道。逮得入信聲尋獲安隱無想之定。天龍世人七億二千皆發無上正眞道意。佛語阿難。

我作畜生之時。以不忘菩薩弘濟之心。應行導利逮于今者。但爲眾生勤苦無極。假使一人亡本沒流未拯拔者。終不捨放。諸欲求安逮是功德疾成佛者。皆當盡心中誠。歸信三尊。世世不廢。如我今日現般泥洹誠信所致也。阿難。汝當受持廣宣此經無令滅絕。

阿難即前稽首作禮受持諷誦。

佛說鹿母經

銀色女經

元魏天竺三藏佛陀扇多譯

如是我聞。一時婆伽婆住舍衛國祇陀樹林給孤獨園。與大比丘眾千二百五十人俱。爾時世尊告諸比丘言。諸比丘。若有眾生能知布施所有功德及施果報如我所知。於食食時。若初食摶。若後食摶。若不捨施。不應自食。爾時世尊而說偈言。

若有諸眾生　如佛之所說　減食分而施
成就大果報　或以初食摶　或以後食摶
若不用布施　則不應自食。

爾時世尊說是偈已。告諸比丘言。諸比丘。乃往過去過無量劫時有王都。王號蓮華。彼城有女。名曰銀色。端正殊妙。容相具足。成就最上勝妙色身。彼銀色女有所須故。從自家出往至他舍。入他舍已。見彼家內新產婦女生一童子。端正殊妙身色成就。時產婦女以手擎子而欲食之。時銀色女問之曰。妹何所作。彼即答言。我今甚飢。無有氣力。不知何食。故欲噉子。時銀色女即語之言。妹今且止。此事不可。妹此舍中豈更無食人所食者。即答言妹。我久積集慳貪妒惽。是故於今無物可食。銀色女言。妹今且止。待我向家與妹取食。彼復言。姊。我今二脇皆欲破壞。背復欲裂。心戰不安。諸方皆暗。姊適出舍。我命卽斷。時銀色女作如是念。若將子去。彼婦命終。若不將去。必食此子。以何方便救此二命。卽語之言。妹此室中有利刀不。我今須之。彼答言有。卽便取刀授與銀色。銀色取刀。自割二乳。與彼。令食而語之言。食我此乳。卽令妹身離飢渴苦。彼取食已。復問之言。妹爲飽不。彼答言飽。銀色女言。妹今當知。此子乃是我自身肉之所贖得。今且寄妹。我須向家。取諸飲食。作是語已。流血遍身。曳地而去。往至家中。銀色眷屬諸親見已。皆共問言。

是誰所作。銀色答言。是我自作。彼復問言。何以故爾。銀色答言。我已起心。不捨大悲。為求成就阿耨多羅三藐三菩提故。諸親皆言。雖行布施而心悔者。乃可是檀非波羅蜜。作是語已。復問之言。當割捨時。為歡喜不。勿以苦痛至生悔惱。時銀色女即發誓言。我割二乳。不生悔心。心無異想。以是誓願。令我二乳。還復如本。作是誓已。即時二乳。還復如本。爾時蓮華城中諸夜叉等發大聲言。銀色女今自捨二乳。爾時地天聞已復唱。虛空中天聞已傳唱。如是傳聲乃至梵天。時帝釋王作如是念。是事希有。此銀色女愍眾生故。

自捨二乳。我今當往至彼試之。作是念已。卽自變身
作婆羅門。於左手中執金澡罐及捉金鉢。於右手中
捉一金杖。而便往詣蓮華王都。到已漸漸至銀色女
所居舍宅在門外立唱言乞食。時銀色女旣聞門外
乞食聲已。卽便隨時以器盛食出在門外。時婆羅門
而語之言。妹今且停。我不須食。女言何故。婆羅門言。
我是帝釋。我於汝所甚生疑心。故來到此。如我所問。
必當答我。女語之言。大婆羅門。今者但問。隨意所問。
我當答之。必令稱汝婆羅門心。時婆羅門卽問言。妹
實割二乳施他以不。答言實爾。大婆羅門。婆羅門言。

何以故爾。銀色女言。大悲之心。為取阿耨多羅三藐三菩提故。婆羅門言。此事甚難。甚難事者所謂阿耨多羅三藐三菩提。若布施已而生悔心。彼乃是檀非波羅蜜。汝當施時歡喜以不。當割時苦生異念不。銀色即答言。憍尸迦。我今立誓。我以求於一切智心為求。一切世間勝心。求救一切衆生之心。割此二乳實不生悔。若不悔者。令我女身變成男子。時銀色女作是誓已。即成男子。彼見女身成男子已。心生歡喜踊躍無量。至於餘處樹下睡眠。時蓮華王忽然崩亡。其王無子。時甚大熱。當於是時。諸大臣等從樹至樹從村至村從城至城從都至都。處處求覓有相之人應爲王者。諸臣皆言。我等今者云何而得如法治王。當爾之時。有一大臣以熱困故。入華池中。時彼大臣見樹下人色貌殊勝具足。衆相睡臥不覺。日雖移去然其樹影不捨彼人。時彼大臣彈指令覺。彼既覺已將至王舍。即與剃髮令被王服。首著寶冠而語之言。當治王事。彼即答言。我實不能治於王事。復語之言。今者必須治於王事。彼復答言。我若爲王如法治國。汝等諸人若當悉受十善業道。我則爲王。彼皆答言。臣等順行。即時皆受十善業道。彼人如是十善業道勸衆生已。卽治王事名銀色王。爾時國內諸人民等壽命七萬那由他歲。彼王於是無量百歲無量千歲。治王事已。爾乃命終。臨命終時。作如是言。

一切皆無常。必有敗壞事。合會必有離。
有命皆必死。隨所作事業。若善若不善。
一切有生者。命皆不久住。

彼王命終。還生彼處蓮華王都。於長者妻而便託生。可八九月便生童子。端正殊妙。具足衆色。然彼童子過八歲後。五百童子而圍繞之。將詣學堂。彼學堂處先有五百童子學書。時彼童子問舊者言。汝等於此爲何所作。舊者答言。我等學書。又言學書得何義利。
汝等何須學此書爲。汝等但應發阿耨多羅三藐三
菩提心。舊童子言。發阿耨多羅三藐三菩提心爲何
所作。童子答言。必須修行六波羅蜜。何等爲六。所謂
檀波羅蜜尸波羅蜜羼提波羅蜜毗梨耶波羅蜜禪
波羅蜜般若波羅蜜。彼既聞已。卽言我發阿耨多羅
三藐三菩提心。時彼童子既令諸人發阿耨多羅三
藐三菩提心已。作如是念。我今欲以微少物施。我今
當爲二足四足禽獸鹿等而行布施。作是念已而便
往至尸陀林中。卽以利刀刺身。出血塗身。令遍復以

油塗臥彼林中而自惟言諸有近遠二足四足鹿等禽獸須食之者願來至此食我身肉于時彼處飛鳥衆中有一鳥來名曰有手坐其額上挑其右眼挑已還放彼問鳥言汝今何故挑我右眼而復放耶彼鳥答言我於人身餘分肉中一切無有美於眼者彼語鳥言假使千徧挑我右眼而復放之而我不生嫌恨之心彼鳥於是噉其二眼無量鳥衆集彼林中彼鳥悉共食其肉盡唯白骨在彼捨身已即復還生蓮華王都託生彼處婆羅門婦足滿十月生一童子端正殊妙最上無比身色具足年二十後于時父母而語

之言。摩那婆當須造舍。時彼童子報父母言。爲我造舍爲有何義。我心今者不在於舍。惟願放我入於深山。父母即聽。彼出自舍。往詣山林。既往到已。見山林中於前先有二婆羅門舊住仙人在彼林中。時摩那婆至婆羅門二仙人所。問婆羅門二仙人言。梵仙在此山林之中爲何所作。二仙報言。摩那婆。我等皆爲利益衆生故在此林。行於苦行作種種事。彼復語言。我於今者亦爲利益一切衆生故。來至此欲作苦行。彼摩那婆即至餘處樹林之中量地作屋。彼摩那婆以修善業福德力故。忽得天眼。即時遙見於其住處相去不遠有一母虎住在彼處。而彼母虎懷妊將產。
時摩那婆見已念言。而此母虎將產不久。此虎產已
或容餓死。或時飢餓極受困苦。或食自子。念已即問
彼婆羅門二仙人言。誰能割身與此虎者。彼即答言。
我等不能自割身施。作是語已。復過七日。母虎便產。
虎既產已。口銜諸子。復置於地而復還取。時摩那婆
見是事已。即便往到二仙人所語言。大仙。母虎已產。
若為利益諸眾生故行苦行者。今正是時。可割身肉
與此母虎。時彼仙人二婆羅門即便往至母虎左已。
作是思惟。誰能忍受如是苦事而行大施。誰能自割

所愛身肉與此餓虎作是念已彼産母虎即遠逐之彼二仙人借身命故飛空而去時摩那婆即便遥語彼婆羅門二仙人言此是汝等誓願事耶作是語已即發誓言我今捨身以濟餓虎願令我身以此因縁必得阿耨多羅三藐三菩提作是願已於彼地處得一利刀自壞其身以施餓虎諸比丘我恐汝等生於疑心諸比丘勿生異疑莫作餘觀何以故汝等當知爾時於彼蓮華王都銀色女人割二乳者豈異人乎今我身是諸比丘勿生異疑莫作餘觀何以故汝等當知我是爾時蓮華王都銀色女也諸比丘勿生異

疑莫作餘觀。何以故。汝等當知我是爾時名銀色女
捨於二乳濟彼子者。諸比丘。勿生異疑莫作餘觀。何
以故。汝等當知羅睺羅者豈異人乎。卽是爾時彼童
子也。諸比丘。勿生異疑莫作餘觀。何以故。汝等當知
爾時於彼蓮華王都尸陀林中爲諸鳥衆割捨身者
豈異人乎。我身是也。諸比丘。勿生異疑莫作餘觀。何
以故。汝等當知爾時二仙婆羅門者豈異人乎。卽是
汝等諸比丘也。諸比丘。勿生異疑莫作餘觀。何以故。
汝等當知我是爾時婆羅門子摩那婆也。諸比丘。是
故我今爲比丘說。若諸比丘知施功德及施果報應

施初摶若施後摶如是而食。佛說此時。彼諸比丘皆
大歡喜。

銀色女經

玉耶女經

失譯人名今附西晉錄

聞如是。一時佛在舍衛國祇樹給孤獨園。爲諸四輩弟子說經。是時國中給孤獨家爲子娶婦。得長者女。名曰玉耶。端正殊特。不以婦禮。輕慢公姑及以夫壻。給孤獨長者夫婦議言。是婦不順。當云何教。若加杖捶。非善法也。設不教訶。其罪日增。長者議曰。惟佛能化。明旦嚴服往詣佛所。稽首禮足前白佛言。我爲子娶婦。得長者女。甚大憍慢。不以婦禮。惟願世尊哀愍我等。并諸弟子明日勸請到舍說經。令心開解。佛卽受請。長者歡喜禮佛而歸。長者到舍。廣設調度。嚴飾牀座。明旦佛來到長者舍。長者欣慶請如來入舍。衆坐已定。皆各禮佛卻住一面。佛飯食訖。并為說經。惟有玉耶憍慢不出。佛念愍之。放大神力。變長者家。皆化作水精色。內外相照。無有障礙。玉耶見佛三十二相。八十種好。衣毛為豎。戰慄惶怖。即出禮佛。卻住一面。合掌低頭。默無所說。佛語玉耶。女人不以面貌端正。不順夫壻。非為端正。心端行正。是為端正。女人身中有十惡事。不自覺知。何等十惡。一者託生父母甚難養育。二者懷妊憂愁。三者初生父母不喜。四者養育無味。五者父母隨逐不離時宜。六者處處畏人。七者常憂嫁之。八者生已父母離別。九者常畏夫壻。十者不得自在。是名十惡也。玉耶惶怖白佛言。世尊願佛教我婦人之禮其事云何。佛語玉耶。婦事夫壻公姑大長有五善三惡。何等五善。一者後臥早起。美食先進。二者撾罵不得懷恚。三者一心向夫不得邪婬。四者願夫長壽。以身奉使。五者夫壻遠行。整理家中。無有二心。是為五善。何等三惡。一者輕慢夫壻。不順大長。美食自噉。未冥早臥。日出不起。夫壻教訶。瞋目怒應。二者見夫不歡。心常敗壞。念他男子好。三者願夫早死更嫁。是爲三惡。玉耶默然無言可答。佛語玉耶。世間下有七輩婦爲汝說之。一心善聽。一者母婦。二者妹婦。三者知識婦。四者婦婦。五者婢婦。六者怨家婦。七者奪命婦。汝今解不。玉耶答言。不及此義。佛言善聽。吾今解之。何等母婦。愛念夫主如母愛子。晝夜長養。不失時宜。心常憐念。無有厭患。念夫如子。是爲母婦。何等妹婦。承事夫壻。盡其敬誠。如兄如弟。同氣分形。骨血至親。無有二情。尊之重之。如妹事兄。是爲妹婦。何等知識婦。奉事夫壻。敬順懇至。依依戀戀。不能相遠。私密之事。常相告示。行無違失。善事相教。

使益明慧。相親相愛。欲令度世。如善知識。是爲知識婦。何等婦婦。供養大人。竭情盡行。無有二。淨修婦禮。終不廢闕。進不犯義。退不失禮。常和爲貴。是名婦婦。何等婢婦。心常畏忌。不敢自慢。忠孝盡節。口不麤言。身不放逸。以禮自防。如民奉王。夫壻敬幸。不得憍慢。若得杖捶。敬承奉受。及見罵辱。默然無辭。甘身苦樂。無有二心。慕修婦道。不擇衣食。事夫如事大家。是名婢婦。何等怨家婦。見夫不歡。恒懷瞋恚。晝夜求願。欲得遠離。雖爲夫婦。心常如寄。亂頭勤臥。無有畏避。不作生活。養育兒子。身行婬蕩。不知羞恥。陷入罪法。

毀辱親里。夫壻相憎。呪欲令死。是名怨家婦。何等奪命婦。晝夜不眠。毒心伺之。作何方便。得遠離之。欲與毒藥。恐人覺之。心外情通。雇人害之。復遣傍夫伺而賊之。夫死更嫁。適我願之。是名奪命婦。佛語玉耶。其有善婦者。當有顯名。宗親九族。并蒙其榮。天龍鬼神。擁護其形。使不枉橫。財寶日生。萬分之後。願願不違。上生天上。宮殿浴池。在所自然。天人樂之。天上壽盡。還生世間。常爲富貴。侯王子孫。端正姝好。人所奉尊。其惡婦者。當得惡名。今現在身。不得安寧。數爲鬼神在於家庭。起病發禍。求及神明。會當歸死。不得長生。

惡夢恐怖。所願不成。多逢災橫。水火日驚。萬分之後

魂神受形。死入地獄餓鬼畜生。其身雖短。咽如針釘。

身臥鐵牀。數千萬劫。受罪畢訖。還生惡家。貧窮裸露。

無絲無麻。孜孜急急。共相鞭撾。從生至死。無有榮華。

作善得善。作惡自遮。善惡如此。非是虛也。佛語玉耶。

此是七輩婦。汝用何行。玉耶流淚前白佛言。我本愚

癡不順夫壻。自今已後。當如婢婦。盡我命壽不敢憍

慢。卽前長跪求受十戒三自歸命。歸佛歸法歸比丘

僧。一不殺生。二不偷盜。三不婬泆。四不妄語。五不飲

酒。六不惡口。七不綺語。八不嫉妬。九不瞋恚。十者信

善得善。是名十戒。此優婆夷所行。佛說經竟。及諸弟子皆各欲還。給孤獨長者眷屬歡喜禮佛而退。玉耶長跪重白佛言。我本愚癡憍慢夫壻。今蒙世尊化導我等。令心開解。佛語玉耶。自今已後。擁護汝家。玉耶言諾。受佛言教不敢有違。稽首禮足。受退還歸。

玉耶女經

佛說長者法志妻經

失譯人名今附涼錄

聞如是。一時佛在舍衞國祇樹給孤獨園。與大比丘千二百五十菩薩萬人俱。佛時清旦著衣持鉢入城分衞。比丘菩薩皆悉侍從。諸天龍神及香音神無善之神鳳凰神山神執樂神王皆散華燒香。鼓諸音樂歌歎佛德。而說頌曰。

從無數億劫　積行難可量　慈愍于眾生
使發大道行。　三界猶幻化　一切悉空無
能曉了此慧　度脫諸十方。　三十二相明

姿好八十種　口出萬億音　功德自嚴容
雖處現三界　開示三道場　三垢今已滅
除于三界殃　心如明月珠　處欲無所著
等行離愛憎　一切無適莫

於是人民聞歌頌佛德一國集會觀佛行來舉動進止法則安徐威容之顏猶星中月如日初出普照天下無所罣礙譬如梵王處諸天中如天帝釋處忉利宮諸天中尊猶須彌山現于大海四域之中安不可動歡喜踴躍叉手歸命佛至長者法志門外進到中閤放大光明皆照十方時長者妻嚴莊牀座文飾身

形眾寶瓔珞服栴檀香面彩顏貌五色焜煌謂可保
常奴客婢使小有過失撾捶苦毒不問曲直遙見佛
明超于日光心自念言此之顯耀非類日月釋梵諸
天凡俗之光其明清涼安隱無量我身蒙之一切無
患不飢不渴自然飽滿云何行杖加於僕從速趣向
閤覲見世尊相好威耀難可為喻諸根寂定無有衰
入猶七寶山晃晃巍巍歎懼悲喜稽首佛足悔過殃
舋所犯無狀既為女人不能自責瞋喜由己今首罪
舋不敢藏匿佛言善哉善哉汝獲善利離一切衰見
身殃咎改往修來人身難得佛經難值億世時有所

以墮女人身中者何。婬欲姿態在於其中。不能修身。放心恣意。嫉妬多口。貪于形貌而自恃怙。世間無常。豪富威勢須臾間耳。當視諸下猶如赤子。豪富貧賤如月進退。若日出沒。水火風起。不久則衰。一切道俗。皆從心興。上天。人間。地獄。餓鬼。畜生。之類。皆由己耳。佛天。中天。天。緣覺。聲聞。亦復。如是。今我。斯身。三十二。相。八十。種。好。徹觀。十方。悉從。解達。女聞佛言。歡喜無量。重自歸命責己朦冥。惟受不及開化。未聞無上之誨。佛言施行十善義。身不。殺。盜。婬。口不。妄言。兩舌。綺語。惡口。意不。嫉。恚。癡。當奉。六度。布施。持戒。忍辱。精進。一。

心。智慧。導四等。心慈悲喜護。普弘大哀。自致得三十二相八十種好。乃爲奴客婢使敎以辛苦生死罪福示語三塗之患難也。識以道禁義理之事勝于撾杖。莊嚴瓔珞有四事。何等爲四。一曰篤信。二曰戒禁。三曰三昧。四曰智慧。是爲四事。菩薩自莊嚴心。計大乘。無男無女。猶如幻化。畫師所作。隨意輙成。曉了空慧。一切本淨。得無名身。四無所畏。四事不護。獨步三界。度脫一切。女聞佛敎。心開踊躍。即發無上正直道意。立不退轉地。時天帝釋來在佛後。謂女言曰。佛道難得。不如求轉女爲男。日月天帝轉輪聖王。於是女以偈頌曰。

天帝日月王　轉輪四域主　威勢無幾間
不可久恃怙。仕豪如朝露　夢中有所覩
覺已忽滅盡　不知所湊處。五陰如幻化
三界由己作　三世以平等　道心無等侶。
諦解作是了　誰男何所女。天帝聞斯言
默默無所語。

佛言。善哉善哉。誠如所云。三處如幻化影響野馬水月芭蕉。俗人不解計有吾我。便倚三界。不能自濟。女心卽解變爲男子。踊在虛空。下禮佛足。佛告女曰。汝

於後世恆沙來劫當得作佛。號無垢王如來至眞等
正覺明行成爲善逝世間解無上士道法御天人師
佛。號天中天。世曰光淨。時來會者諸天人民無央數
千。見此變應。皆發無上正眞道意。時長者妻一切下
使前白佛言。尊者卑者本寧異乎。佛言。一切本無隨
心。所存。雖爲下。使發心。爲道。可得。成佛。旣爲尊豪恣
心。憍慢。不離。惡趣。地獄。餓鬼。畜生。之中。猶月。增減。如
樹。盛。衰。一切。非常。無一。可。賴。惟道。深慧。乃可。保常。猶
如。虛。空。無進。無退。時諸下使踊躍欣豫發大道意。變
爲男子。得不起忍。佛告阿難。五陰。無處。六情。無根。十

二。因。緣。而無。端。緒。四大。寄。因。何所。是。人。佛說如是。莫不歡喜。

佛說長者法志妻經

佛說七女經

吳月支國居士支謙譯

聞如是。一時佛遊於拘留國。在分儒達樹園。與千羅漢俱。菩薩有五百人。及諸天龍鬼神。爾時拘留國中有婆羅門。名摩訶密。慳貪不信佛法。大豪富珍奇珠寶牛馬田宅甚眾多。智慧無雙。為是國中作師。常有五百弟子。復為國王大臣所敬遇。是婆羅門有七女。大端正無比。黠慧言語。從頭至足皆著金銀真珠瓔珞隨時被服。常與五百女人俱。憙自貢高。恃怙端正。憍慢眾人。倚於富貴。謂呼有常。每與國中人民共說義理。常得其勝。爾時有迦羅越名曰分儒達。聞此女大好。便至婆羅門所謂言。卿家中自呼是女端正。雖爾當徧將至國中示人。若有人呵此女者。卿當雇我五百兩金。若不呵者。我當雇卿五百兩金。如是募九十日。徧至國中。無有道此女醜者。爾時婆羅門即得五百兩金。分儒達告婆羅門。今佛近在祇樹園。佛知當來過去今現在事。又復至誠。終不妄言。當將往示佛。婆羅門言大善。即與眷屬五百婆羅門國中復有五百女人俱。相隨至佛所。佛時為無數千人說法。各各前為佛作禮。却坐一面。婆羅門前白佛言。瞿曇常遊諸國。寧見有好人端正如是女者不。佛便逆呵之。此女不好皆醜。無有一好處。婆羅門問佛。是女一國中人無有道此女醜。今瞿曇何以獨道此女醜。婆羅門問佛言。世間人以何爲好。佛言。世間人眼不貪色。耳不聽。受惡聲。是則爲好。鼻不嗅香。口不嘗味。是則爲好。身不貪細滑。意不念惡。是則爲好。手不盜取人財物。口不說人惡。是則爲好。不貢高綺語。知生所從來死有所趣。是則爲好。信布施。後當得其福。是則爲好。信佛。信法。信比丘僧。是則爲好。佛告婆羅門。顏色好。不爲好。身體好。不爲好。衣服好。不爲好。一言綺語。

不為好。心端意正。此乃為好。分儒達即自還得五百兩金。佛告婆羅門。昔者有城名波羅奈。從地底去佛。諸當來佛皆於是上坐。爾時有國王名機惟尼。作優婆塞。大明經。為佛作精舍。王有女悉為優婆夷。明經智慧。端正無雙。身上皆著金銀琥珀珠寶。被服甚好。第一女字羞躭。第二女字須躭摩。第三女字比丘尼。第四女字比丘羅輸。第五女字沙門尼。第六女字沙門密。第七女字僧大薩躭。常以佛正法齋戒布施訖竟。七女便相將至父王正殿白言。我曹姊弟欲相隨到塚間遊觀。王言。塚間大可畏。但有死人骨髮形骸狼藉支散在地。諸悲哀者啼哭者滿其間。有虎狼野獸鵄梟生噉死人肉血。汝曹姊弟何爲塚間。我宮中有園觀浴池。中有飛鳥鴛鴦相隨而鳴。中有衆華五色光目。芝草奇樹衆果淸涼。恣意所食。極可遊觀。汝曹姊弟何爲塚間。七女卽報言。大王。衆果美食何益萬分。我見世間人老時命日趣死。人生無有不死者。我曹非小兒嘗爲餘食所惑。王哀念我姊弟者當聽我曹姊弟到城外觀死人。如是至三。王言大善。聽汝姊弟所爲。爾時七女卽與五百婇女嚴駕出宮門。七女卽解頸下瓔珞散地。國中時有千餘人見之。隨後拾取珠寶歡喜。遂到城外塚間。大臭處不淨。但聞啼哭聲。諸婇女及人民身體肅然。衣毛爲豎。七女直前視諸死人。中有斷頭者。中有斷手足者。中有斷鼻耳者。中有已死者。或有未死者。中有梓棺者。有席中裹者。有繩縛者。家室啼哭。皆欲令解脫。七女左右顧視死人衆多。復有持死人從四面來者。飛鳥走獸共爭來食之。死人膖脹。膿血流出。數萬億蟲從腹中出。臭處難可當。七女亦不覆鼻。直前繞之一帀。即自相與言。我曹姊弟身體不久皆當復爾。第一女言。寧可各作一偈救死人魂魄耶。六女皆言大善。第一女言。此大生時。好香塗身。著新好衣。行步衆中。細目綺視。於人中作姿。則欲令人觀之。今死在地。日炙風飄。主作姿則者今爲所在。第二女言。雀在瓶中。覆蓋其口。不能出飛。今瓶已破。雀飛而去。第三女言。乘車而行。中道捨車去。車不能自前。主使車行者今爲所在。第四女言。譬如人乘船而行。衆人共載而渡水。得岸便繫船。棄身體去如棄船去。第五女言。有城完堅。中多人民。皆生長城中。今城更空。不見人民爲在何所。第六女言。人死臥地。衣被常好。從頭至足無有缺減。今不能行。亦不能動搖。其人當今爲在何所。第七女言。一身獨居人出去其舍。舍中空無有守者。今舍日壞敗。
爾時第二忉利天王釋提桓因坐即爲動搖。聞七女
說經。如伸臂頃。即從天上來下讚七女言。所說大善。
欲願得何等所願者。我能爲汝得之。七女俱言。卿是
釋天乎。梵天耶。不見卿來時自然在我前。使我知之。
卽報言。諸女。我是釋提桓因。聞說善言好語。故來聽
之。七女言。卿屬者欲與我曹願。卿是第二忉利天上
最尊。當爲我等得之。我姊弟請說所願。第一女言。我
願欲得無根無枝無葉之樹。於其中生。是我所願也。
第二女言。我欲得地上無形之處。無陰陽之端。願欲

於其中生。第三女言。入於深山中大呼。音響四聞。耳不知所在。我願於其中生。釋提桓因報言。且止。我不能得是願。諸女欲得作釋梵四天王日月中尊。是則可得。今女所願。實我所不知。七女答言。卿是天上獨尊有威神。何以不能得此願。卿譬如老牛不能挽車。亦復不能耕犂。無益於主。釋提桓因報言。我聞說經。故來聽之。非我所知。即便辭謝。七女默然無報。爾時空中有天言。今迦葉佛近在惟于陵聚中。何不往問迦葉佛。七女聞之大歡喜。即與五百婇女。隨來觀者塚聞喪亡悲哀啼哭者復有五百人。俱發意往。時迦

葉佛為無數千人說法。悉各前為迦葉佛作禮。却坐
一面。釋提桓因白佛言。我聞者闍國王七女說經。故
來聽之。七女便從我索是願言。我欲得無根無枝無
葉之樹。無形之處。無陰陽之端。深山大呼。音響四聞。
不知所在。我時不能報答。願佛為七女解說其意。迦
葉佛言。善哉發問。多所過度。是事羅漢辟支佛尚不
能知此事。何況於汝。是時迦葉佛便笑。五色光從口
出。照滿佛刹。還繞身。從頂上入。侍者前長跪問迦葉
佛言。佛不妄笑。願聞其意。迦葉佛告薩波羅。汝見是
女不。唯然已見。此國王七女其發阿耨多羅三藐三

菩提心已來。供養五百佛已。當復萬佛。却後十劫悉
當作佛。皆同一字號名復多羅貰。剎土名首陀波。其
佛壽三萬歲。是時人民被服飲食譬如第二忉利天
上所有。佛般泥洹後經道留止八千歲乃盡。是佛時
說法當度七十五億萬人。令得菩薩及羅漢道。迦葉
佛授七女別時。即踊躍歡喜。便住虛空中。離地二十
丈。從上來下。悉化成男子。即得阿惟越致。五百婇女、
及千五百天與人見七女化成男。踊躍歡喜。皆發阿
耨多羅三藐三菩提心。一千人遠離塵垢。皆得法眼。
佛告婆羅門。此國王七女富樂端正豪貴。尚不恃身

作綺好。所以者何。用念非常。是身不可久得故。一切世間人但坐愚癡故。墮十二因緣。便有生死。人生苦皆由恩愛。從生致老。從老致病。從病致死。從死致啼哭得苦痛。人生。苦皆。從恩愛。當自觀身。亦當觀他人。身。坐起當念身中惡露涕唾寒熱臭處不淨。如是何等類。身一壞時。還化作蟲。自食其肉。骨節支解。消為灰土。還自念我身死亦當如是。不當恃身作綺好。當念非常。若人施行善不自貢高綺語者。死後皆生天上。若施行惡者。當入泥犁中。女人所以墮泥犁中多者何。但坐嫉妬姿態多故。佛說是時。婆羅門女即踊

躍歡喜。解身上珠寶用散佛上。佛威神。令。所散。住虛
空中。化作。寶蓋。中有聲言。善哉如佛所言無有異。佛
爾時。便感。動。放。威神。於座上。以足。指。按地。三千大千。
剎土。皆爲大動。光明。照十。方。百歲。枯樹。皆生。華菓。諸
空。溝瀆。皆。自然。有水。箜篌。樂器。不。鼓自鳴。婦女。珠環
皆。自作。聲。盲者。得。視。聾者。得。聽。瘂者。得。語。傴者。得伸。
拘躄者。得。愈。手。足病者。得。愈。狂者。得。正。被毒者。毒不。
爲。行。拘閉者。悉。得解脫。百鳥。狸獸。皆相。和。悲鳴。爾時。
拘。留國中。人民。無男。無女。皆大歡喜。和心。相。向。若。得。
禪。佛作是變化時。拘留國王旃珠踊躍歡喜。及百大

臣婆羅門女與其眷屬及五百婆羅門皆發阿耨多羅三藐三菩提心。復有五百比丘得羅漢道。國中五百人悉得須陀洹道。佛說是經已。菩薩比丘僧優婆塞優婆夷。國王大臣長者人民。諸天鬼神龍。皆大歡喜。前持頭面著地。爲佛作禮而去。

佛說七女經

佛說月上女經卷上

隋天竺三藏法師闍那崛多譯

如是我聞。一時佛在毗耶離國大樹林中草茅精舍。與大比丘五百人俱。皆阿羅漢。復有菩薩八千人俱。皆是大德。有大威力有大神通。悉皆受持諸陀羅尼。得無礙辯。得諸禪定。得無生忍。具足五通。所言眞實。無有虛妄。離諸譽毀。於已眷屬及以利養悉不染著。不求報故。為人說法。得深法忍。能度彼岸。具足無畏。已過魔事無有業結。於諸法性無有疑滯。無量百千那由他劫修行成就。恆以悅色慰喻行者。終無嚬蹙。

善巧辭句。心不變改。辯說無窮。亦皆成就平等忍法。能於大眾說法無畏。說一法句過百千億那由他劫。得巧方便無盡智慧。知諸三世猶如幻化。亦如陽燄。如水中月。如夢如影。如空谷響。知諸法性空無相願。心常寂滅。住眞如法。離諸取捨。旣得無量智巧方便。亦知眾心所行智巧方便之事。隨所化處悉皆能爲演說諸法。於眾生心無有損害。離諸愛染。無復煩惱。具足忍行。於諸法性皆悉了知。已得成於諸佛剎土莊嚴之事。恆常成就念佛三昧。亦能成就勸請佛智。能斷種種煩惱諸使。於諸三昧三摩鉢帝遊戲其中。

亦悉能得智巧方便。其名曰文殊師利童子菩薩摩訶薩。觀世音菩薩。大勢至菩薩。難有菩薩。香象菩薩。不捨擔菩薩。日藏菩薩。陀羅尼菩薩。放香光菩薩。雷音菩薩。分別金光明決定王菩薩。那羅延菩薩。寶手菩薩。寶印手菩薩。虛空藏菩薩。憙王菩薩。憙見菩薩。度衆生菩薩。常精進菩薩。常喜根菩薩。破惡道菩薩。金剛遊步菩薩。三界遊步菩薩。行不動菩薩。不空見菩薩。功德藏菩薩。蓮華德菩薩。如香象菩薩。得深智辯菩薩。大辯菩薩。法上生菩薩。諸法無疑德菩薩。師子遊步菩薩。散諸恐怖菩薩。蔽塞諸障菩薩。師子吼

音菩薩。非不言菩薩。辯聚菩薩。彌勒菩薩摩訶薩等
而爲上首。復有如是百千菩薩摩訶薩俱。爾時世尊
在毗耶離大樹林中草茅精舍。時諸國王大臣百官
大富長者婆羅門等。居士人民遠來商客。皆悉尊重
恭敬奉侍。爾時彼城有離車名毗摩羅詰。其家巨富。
資財無量。倉庫豐盈。不可稱數。四足二足諸畜生等
悉皆充溢。其人有妻名曰無垢。可憙端正。形貌姝美。
女相具足。然彼婦人於時懷妊。滿足九月便生一女。
姿容端正。身體圓足。觀者無厭。其女生時有大光明
照其家內。處處充滿。如是生時大地震動。其家門外

所有樹木並出酥油。自然流溢。毗耶離城一切大鼓及諸小鼓種種音樂不作自鳴。上徹虛空。天雨衆華。於其宅內四角各有伏藏自開。微密雜寶皆悉出現。其女當生不曾啼哭。即便舉手合十指掌而說偈言。

由昔不造諸惡業　今得如是清淨身
若當造作惡業者　不生在此大豪貴。
故由昔斷諸惡行　好施調順不放逸
恭敬嚴重所尊故　方得生此賢善家。
我念往昔迦葉佛　乞食來入毗耶離
我在樓上見彼尊　如是見已心清淨。

我心旣得清淨已　供養尊重彼如來
爾時現在無香華　塗香末香飲食等。
遂卽聞於空中聲　佛於世間不求報
慈愍一切諸衆生　是故遊行來乞食。
汝欲供養彼尊者　當發無上菩提心
比於三界設供養　不如信發道心者。
我聞如是空聲已　復見諸佛微妙相
遂發不動菩提心　從於樓上墜身下。
住空高一多羅樹　復見十方一切佛
猶如雜寶須彌山　迦葉佛身亦復爾。

是時諸佛神力故　曼陀羅華滿我手
我時散於迦葉上　即成清淨妙華蓋
所見十方諸佛者　微妙相好莊嚴身
我見曼陀羅華蓋　亦復同如迦葉上
我時空中說是語　願作兩足最勝尊
修行乃至塵數劫　不獲菩提誓不退
天龍乃至非八等　八部其數有二千
聞我如是師子吼　亦發無上菩提意
我捨三十三天已　還來生於閻浮提
恆常不失賢善行　故勸汝等修福業

我在三十三天時　供養釋迦牟尼佛
今生不爲五欲故　唯還供養此如來。
我念宿世諸業報　凡經八十九處生
所受福德皆如今　智者宜應供養佛。

爾時彼女說此偈已。默然而住。其女往昔造諸善根業因緣故。其身自然著諸天服妙寶衣裳。於其身上出妙光明。勝於月照。猶如金色耀其家內。然其父母見彼光故。即爲立名。稱爲月上。爾時月上生未幾時。其身忽然如八歲大。彼女行、住、坐、立之所。其地皆悉光明晃耀。身諸毛孔出旃檀香。口氣香如優鉢羅華。

毗耶離城所有剎利王公子弟及諸大臣居士長者婆羅門等及餘大家豪姓種族所有童子。遙聞彼女月上名聲。端正可憙。世無雙比。聞是事已。彼等悉皆欲火熾然。心懷熱惱。徧滿身體。一一皆作如是思惟。願得彼女月上為婦。爾時一切諸童子等作是念已。皆悉往至毗摩羅詰離車之家。通傳意趣。進止參承。各各皆許無量珍寶駝驢象馬諸財物等。或有共彼離車相見口脣嚇云。我當抑奪。或有呵喝作如是言。汝今若不與我女者。我必劫汝牀褥臥具財物衣裳身諸瓔珞一切服飾悉皆將去。或言打者。或言縛者。

將如是等恐怖之事而以告之。爾時離車毗摩羅詰
心生恐怖。舉身毛竪。憂愁不樂。作如是念。彼等或有
以其勢力將欲抑奪我女月上而將去者。或有欲來
奪我命者。然彼離車失其本念。煩寃懊惱。嚬眉皺額。
眼目不瞬。而向其女。遂卽舉聲啼呼涕泣。淚下如雨。
爾時月上見父如是憂愁啼哭。而問之言。父於今者
何故煩惱啼哭如此。爾時離車毗摩羅詰告其女言。
汝於今日可不知乎。為汝身故。城內一切所有人民
悉皆共我身為怨結。是故各各欲來爭汝。我今將恐
彼其勢力劫汝將去。損我身命及諸財寶並皆喪失。

爾時月上即以偈頌報其父言。

假使閻浮大地內　所有一切諸眾生
悉皆力如那羅延　人人手執利刀仗
盡其身力趁逐我　彼終不能害得我。
慈心毒伎所不害　水火亦復不漂然
不畏死屍諸鬼使　及以呪詛言說者
慈心決定無瞋恨　慈心畢竟不畏他。
我今起此慈心念　護世猶如護身已
現亦不與他人苦　是故誰當能害我。
厭欲自無有欲想　成慈亦無恚怒癡

我無欲瞋及癡患　是故無能害我者。
我觀一切諸衆生　皆悉猶如父母想
世間但有此慈者　他人決定不能欺。
假使虛空没於地　及以須彌入芥子
四大海水處牛跡　亦復無能降我身。

爾時月上說此偈已。白父母言。尊者父母。若必定有如此事者。願於此處毗耶離城四衢道頭振其鈴鐸。號令城內一切人民作如是言。從今七日。我女月上定當出外自求婚嫁。選擇夫主。汝等一切諸男子等未婚娶者。應當各各好自嚴飾衣服瓔珞。亦須掃除城內街巷。布散香華。燒香末香及華鬘等。悉各備辦。竪立寶幢張懸幡蓋。如是種種好自莊嚴。以如是等諸種法用。諮請父母令作是事。爾時父母聞女語已。卽取其言。從家而出。依女所說。卽便振鈴遍告城內一切人民作如是言。我女月上從今日後至於七日。當從家出。自求婚嫁。選擇夫主。汝等應當各自努力莊嚴衣服掃治街巷布散香華。燒香末香悉各備辦。竪立寶幢及諸幡蓋。如是種種好自嚴飾。爾時城內一切人民聞此語已。心生踴躍。各各自於當家門庭及以街巷嚴飾壯麗過上所陳。爾時城內剎利大臣

及婆羅門居士長者乃至工巧所有童男皆悉沐髮
澡浴身體塗治妙香各各爭競嚴飾衣服及諸瓔珞
作如是已方始復告左右眷屬作如是言汝等心意
不得傾動莫生餘念其女月上若不來向於我邊者
汝等必須强力助我而奪取之爾時月上至後六日
是月十五圓滿之時受八關齋其夜明靜在於樓上
往來經行佛神力故於其右手忽然有一蓮華自出
黃金爲莖白銀爲葉琉璃爲鬚馬瑙爲臺其華合有
一百千葉光明曄曄妙麗精華華內有一如來形像
結加趺坐身如金色自然顯現威光赫奕明照彼樓

具三十二丈夫之相八十種好莊嚴其身彼如來像所出光明亦復徧照月上家內爾時月上於自右手忽見華已瞻仰觀彼如來形像歡喜踊躍徧滿其體不能自勝即便以偈問彼所化如來形像作如是言

不審仁者爲天龍　爲緊那羅夜叉等
爲是鬼神阿修羅　唯願德聚爲我說
尊者此身不思議　猶如金色日天等
或復變化黃色身　忽似頗黎紅縹色
我於身心無有想　見尊功德大歡喜
仁者今爲誰所使　未審又從何方來

不知來意爲何緣　來已還欲至何所
尊嚴顯赫如火聚　功德巍巍似須彌。
爾時彼化如來形像復以偈報月上女言
我今非天亦非龍　又非夜叉乾闥婆
師子釋種佛世尊　今遣我來至爾所。
故非天龍及夜叉　非人亦非緊那羅
非須輪等八部衆　我眞釋種佛使者。
爾時月上復以偈頌白彼所化如來形像作如是言。
仁今所言佛世尊　彼形色體何所似
願爲我說彼形相　我得聞已如是思

又自言我佛法使　而不爲我說佛相
我觀仁威及神力　世間無比即如佛。
爾時彼化如來形像復以偈答月上女言。
彼尊形體眞金色　具三十二大人相
能爲衆生作福田　是故其名號爲佛。
自能覺知一切法　又復了知衆生心
若上若中若下者　是故其名號爲佛。
於世間事悉知解　及以了知一切法
知諸法已達彼岸　是故其名號爲佛。
於諸一切衆生心　自心一一能知見

而於眾生及與心　二處俱亦不染著
彼因行施得作佛　及能常持清淨戒
又復忍辱及精進　禪定智慧等成佛
於世事無不知者　所謂一切諸技藝
常懷慈悲喜捨心　是故其名號為佛
降伏一切諸魔等　名聞震動千萬界
自能覺悟無上道　是故其名號為佛
彼昔恆常能輪轉　一切諸法無上輪
光明普照千萬剎　常說苦空及無我
諸佛剎土有千數　百數億數那由他

廣大舌根能徧覆　是故其名號爲佛。
諸佛刹土有千數　其數又如恆河沙
彼出大聲悉徧滿　是故其名號爲佛。
諸佛刹土千億數　彼尊以手能執持
一住不動千萬劫　是故其名號爲佛。
諸佛刹土千億數　其刹所有諸須彌
彼尊一毛繫縛已　能持行至數億刹。
聞往諸佛上妙句　於法自在度彼岸
自覺證已能度衆　是故其名號爲佛。
自在十力皆具足　又能成就四無畏

於諸佛法無有疑　是故其名號爲佛。
佛無能作灌頂者　五眼成就悉具足
五根五力等圓備　七覺分道無染著。
善持禁戒善共住　寂定調伏最無比
無諂無曲心調順　是故其名號爲佛。
佛者恆入諸禪定　心無暫亂亦無畏
利益衆生說知時　是故其名號爲佛。
一切功德悉具足　爲諸衆生等供養
具一切智見諸法　是故其名號爲佛。
我若經由一劫說　或經百數千萬劫

何故其名號佛者　說不可盡故名佛。

爾時月上聞此偈已。歡喜踊躍。徧滿其體。不能自勝。心生渴仰。欲見如來。復以偈頌白彼化像作如是言。

尊者如是說功德　我今欲見可得不
智者若聞如此法　決應不樂在家住。
我今若不見佛者　必定不飲不食噉
亦復不樂著睡眠　及以不坐本牀鋪。
我見尊者已歡喜　復聞彼德獲淨意
若對見彼佛體相　當更發大歡喜心。
佛大丈夫世難聞　經由劫數百千億

我已聞斯漏盡名　彼尊今在何方所
所化如來即報言　法王今在大林內
其有徒眾數百千　清淨離垢悉勇猛
一一能負三千界　手擎經劫不疲勞
得定智慧辯無礙　具獲多聞如大海
神通能至數億剎　一頭徧禮彼諸佛
供養千萬諸佛已　於一時頃還復來
無有我想及佛想　無有剎想及法想
一切諸想悉無染　於諸眾生作利益
汝若欲見彼世尊　及大菩薩聲聞眾

聽於微妙諸佛法　速往彼大導師邊。
爾時月上執彼蓮華及以化佛從樓閣上下來往至父母之邊。到已說偈白其父母作如是言。
父母觀我所執華　微妙堅鞕金剛色
又觀無上華中者　諸相莊嚴如山王。
如是微妙最勝尊　何人當可不供養
我今見於偏家內　金色光曜母應知。
其身不可偏度量　須臾變成種種色
赤白黃紫及頗黎　我等今須設供養。
大聖瞿曇在大林　速執華香及末香

父母同往設供養　應獲無量諸功德。
父母聞已唱善哉　月上此言大利益
遂辦種種諸香等　寶幢幡蓋及華鬘。
月上父母及親眷　悉著微妙上衣服
無價珍寶及音聲　種種莊嚴悉充備。
既嚴備已從家出　欲往大林世尊邊。

爾時月上所期之日六日已過至第七日。時有無量千數大眾集會俱來看彼月上。於時眾內或有諸人以欲惱心而來會者。或有因看毗耶離城觀其城上所有莊嚴卻敵樓櫓雀埰寮窗勾欄藻梲諸雕飾事而來會者。時有無量男夫婦女因涉彼城而看月上。爾時月上仍執彼華。其女父母及其眷屬齎諸華鬘塗香末香種種燒香上妙衣服寶幢幡蓋種種音聲左右侍從。周匝圍遶。從家而出。在於街巷。爾時月上諸眷屬等出至街巷。如是行時無量無邊千數人眾。見彼月上在於街巷進止行時。即詣其所。而口悉各唱如是言。此是我妻。此是我妻。爾時毗耶離大城之內。或有諸人一時走來。出聲大叫向月上女。是時彼女見其大眾速疾來故。遂即飛騰在於虛空。高一多羅。仍執彼華在空而住。以偈白彼諸大眾言。

汝等觀我此妙身　猶如眞金帶火色
非因昔發欲心故　能得如是微妙身。
棄捨。婬。欲。如。火。坑。　及諸。世。事。不。染。著。
能行。苦。行。調。六。根。　及行。清。淨。諸。梵。行。
見他妻妾不貪欲　皆生姊妹及母想
如是當生可憙身　衆生樂見無厭足。
我身毛孔出妙香　汝豈不聞滿此城
此非欲心所熏得　皆由布施調伏果。
我今本無婬欲心　汝於無欲莫生欲
今此尊像證明我　如我實語無有虛。

汝等昔或作我父　我或於汝昔爲母
互作父母及兄弟　云何於此生欲心
我或往昔殺汝等　汝等或復殺我來
各作怨讎互相殺　云何於此生欲想
非因有欲得端正　有欲定當生不善
有欲心者無解脫　是故今須捨欲心
若墮地獄及餓鬼　及以畜生種類中
鳩槃夜叉阿修羅　毗舍遮等皆因欲
眼瞎無舌跛與聾　身體形容悉醜陋
一切種種諸過惡　皆由往業多欲心

若於來世作輪王　帝釋三十三天主
大梵自在諸天等　皆由廣行淨梵行。
生盲喑啞失本性　猪狗馬驢及駱駞
象牛虎蠅蚊虻等　皆由多欲獲此報。
生大地主喜樂家　豪富長者及居士
如此皆因行梵行　現得歡喜常受樂。
負重烹炙煙熏鼻　枷鎖扭械撾辱身
斬截刖劓及挑眼　爲人僕使皆因欲。
欲作緣覺及羅漢　眾相莊嚴諸佛身
自覺覺他廣利益　皆由捨離有欲想。

行欲非唯一種患　多諸過惡無利益
速望解脫諸欲者　其我往詣如來邊。
更無歸依能拔罪　唯有諸佛天人尊
汝等速往彼尊邊。　無量劫數佛難覩。

爾時月上說此偈句語諸人已。是時大地皆悉震動。於虛空內而有無量諸天子等揚聲大叫舞拚身衣。詠歌嘯調無量無數。雨諸天華百數千數作諸音樂不可具宣。爾時大眾見聞是已。遂生厭離諸欲等想。生希有想未曾有想。當於爾時舉身毛竪。更無欲惱。無瞋無恚。無貪無癡。無怒無妬。無嫉無諍。無復煩惱。

無有諸使。皆以歡悅潤澤其身。各各互生父母兄弟
姊妹諸親尊長等想。既捨一切諸煩惱訖。各各頭面
禮月上女。爾時大眾所執香華末香塗香華鬘衣服
諸瓔珞等悉將散擲向於月上。既散擲已。佛神力故。
其物在彼化如來上成一繖蓋。廣半由旬。爾時月上
還從空下。去地四指。足步虛空。經行來往。須臾即出
毗耶離城。欲向釋迦如來之所。爾時月上安足之處。
地皆震動。而彼大眾其數八萬四千人俱。隨從月上
次第而去。爾時長老舍利弗共五百比丘於晨朝時。
整衣持鉢為乞食故。便來向於毗耶離城。時彼聲聞

諸徒眾等遙見月上與其大眾前後圍遶相向而來。時舍利弗遂白長老摩訶迦葉作如是言。長老迦葉。彼所來者是月上女欲向佛邊。我等且可逆問彼女。隨意義趣驗試其女得忍已不。爾時長老舍利弗等五百比丘前行既至月上女邊。到已告言汝於今者欲何所去。其月上女即報長老舍利弗言。尊舍利弗。今既問我作如是言。汝今欲向何所去者。我今亦如舍利弗去如是去耳。爾時舍利弗復報月上作如是言。我今欲入毗耶離城。汝於今者乃從彼出。云何報言我今亦如舍利弗去作如是去。爾時月上復報長老舍利弗言。然舍利弗。舉足下足凡依何處。舍利弗言。我今舉足及以下足並依虛空。其女復報舍利弗言。我亦如是舉足安足悉依虛空。而虛空界不作分別。是故我言亦如尊者舍利弗去如是去耳。尊者舍利弗此事且然。今舍利弗行何行也。舍利弗言。我向涅槃如是行也。其女復白舍利弗言。尊者舍利弗。一切諸法。豈不向於涅槃行也。我於今者亦向彼行。爾時長老舍利弗復問月上作如是言。若一切法向涅槃者。汝今云何而不滅度。其女報言。尊者舍利弗。若向涅槃即不滅度。何以故。其涅槃行。不生滅故。涅槃。

行者。不。可。得。見。體無。分。別。無可。滅。者。以是。義故。行涅。
槃者。即是。涅。槃。爾時舍利弗復問月上作如是言。女
於今者行何乘也。爲行聲聞乘。爲行辟支佛乘。爲行
大乘。爾時月上報舍利弗作如是言。尊者舍利弗。今
既問我行何乘者。我今還問尊者舍利弗。唯願如是
隨意答我。如舍利弗所證法者爲行聲聞乘。爲行辟
支佛乘。爲行大乘。爾時舍利弗復報彼女作如是言。
非也月上。所以者何。然彼法者無可分別亦無言說。
非別非一。亦非眾多。爾時月上報彼尊者舍利弗言。
是故。不。應。分。別。諸。法。一相。異。相。無。別。異。相。於諸。相。中。

無有可住故涅槃者實無可滅爾時長老舍利弗復告月上作如是言希有希有汝今乃能如此辯才無有滯礙是故汝昔曾更奉侍幾許佛來爾時月上報舍利弗作如是言尊者舍利弗今問於我汝昔曾更奉侍幾許諸佛來者猶如實際與法界也時舍利弗復問女言所言實際及與法界有幾許也女復答言如無明有及以愛等無有異也時舍利弗復問女言無明有愛復有幾許其女報言如衆生界無有異也時舍利弗復問女言衆生界者復有幾許其女報言如彼過去未來現在諸佛境界舍利弗言若如此者

汝說何事。是何解釋。其女報言。依尊者問。我還依答。
時舍利弗復問女言。我問何義。其女答言。問文字也。
舍利弗言。彼文字滅無有足跡。其女答言。尊者舍利
弗。如是滅相。一切法中如有問者。如有答者。二俱滅
相不可得也。

佛說月上女經卷上

佛說月上女經卷下

隋天竺三藏法師闍那崛多譯

爾時長老舍利弗復問月上作如是言。汝於今者在菩薩地有是忍相。汝當不久得成阿耨多羅三藐三菩提。爾時月上作如是言。尊者舍利弗。夫菩提者。無有言說。但以假名文字說耳。所言成者。亦假名說。若久若近。俱是名字。尊者云何作如是言。汝當不久得成阿耨多羅三藐三菩提也。尊者舍利弗。夫阿耨多羅三藐三菩提者。彼無生處。亦不可說。無有體性。其聞亦復無可成者。何以故。菩提之體。無有二相。是故菩提。無二。離二。爾時舍利弗告月上女作如是言。汝今但當先向佛所。我等須臾為聽法故。不久當還向於彼處而來聽法。爾時月上復白長老舍利弗言。尊者舍利弗。如來不為聽法者說。亦復不為樂法者說。舍利弗言。如來若爾為誰說法。彼女答言。尊者舍利弗。若有所聞。不生著想。無欣樂相。如來乃為如是說法。爾時舍利弗復語月上作如是言。若有眾生詣佛聽法。為聞法故。如來爾時豈不為彼而說法也。爾時月上復答彼言。若有眾生作如是想。此是如來為我說法。如是眾生。住於我想。若有真洞入法性者。則無

是念終不云佛爲我等故說如是法爾時尊者摩訶
迦葉告於長老舍利弗言尊者舍利弗此女今旣詣
向佛邊今日必當有大法義我等亦可迴還而去今
日寧可不食爲善莫使我等身在於外而不得聞如
是法義是故彼等諸聲聞衆遂卽迴還隨逐月上向
於佛所爾時月上漸行至彼大林之內草茅精舍詣
於佛所頂禮佛足右遶三匝所持香華末香塗香衣
服資財寶幢旛蓋所奉佛者以散佛上散已復散彼
時大衆所持香華華鬘塗香及以末香亦散佛上散
已復散所散諸華於佛頂上成一華蓋縱廣徧覆滿

十由旬。爾時童子文殊師利告月上女作如是言。汝於往昔從何捨身而來生此。當捨此身復生何處。其女答言。文殊師利於意云何。我今所執如來形像坐蓮華者從何捨身而來生此。今捨此身當生何處。文殊師利復言。月上。此是化耳。夫言化者。無處捨身後亦無生。其女報言。如是如是文殊師利。一切諸法本體是化。我於彼法不見捨時不見生時。爾時不空見菩薩告月上女作如是言。如是月上。既不可以女身成佛。汝今何故不轉女身。其女答言。善男子。夫空體者。無迴無轉。一切諸法亦復如是。云何令我而轉女身。爾時持地菩薩復告月上作如是言。汝頗曾見如來已不。其女答言。善男子。我見。如來。如我手中。所執化佛。如是。如來。等。無有異。爾時辯聚菩薩復告月上作如是言。汝今能辯法義已不。時女答言。善男子。法界之體。不可言。說亦不可以文字。算數之所攝受。爾時無礙辯菩薩復告月上作如是言。汝於過去諸如來所聞何等法。其女答言。善男子。今可作觀如上虛空。如來說法。與此虛空。等。無有異。其所聽者。亦復如是。善男子。而彼法相。等如虛空。無異。無別。爾時虛空藏菩薩告彼女言。汝於往昔所施諸佛云何奉施云云何迴向。其女報言。善男子。如我於此所化佛像。施彼佛僧所獲功德。其事云何。時虛空藏菩薩報月上言。此佛是化。若於彼施無功德相。其女答言。善男子。我亦如是。在於昔日諸如來前所行布施及以迴向。亦作是相。亦作如是迴向。爾時不損他心菩薩復作是言。汝今云何。能於一切諸衆生等得以慈心而普偏也。其女答言。善男子。如彼衆生等無有異。菩薩復言。彼諸衆生其事云何。女復答言。衆生之事。非是過去。亦非未來。亦非現在。而彼慈心。亦復如是。非是過去。非是未來。非是現在。之所攝也。亦復不可以言說也。

善男子。而彼慈心。其事如是。爾時喜王菩薩復問彼
女作如是言。汝於今者得法眼不。其女答言。善男子。
我今肉眼。猶尚不得。況得法眼。爾時堅意菩薩復告
彼女作如是言。汝行菩提經今幾時。其女答言。善男
子。如彼陽燄經今幾時。我發菩提。亦復如是。爾時彌
勒菩薩告彼女言。汝於何時當得成就阿耨多羅三
藐三菩提。其女答言。亦如彌勒菩薩何時得超凡夫
行地。爾時長老舍利弗復白佛言。世尊希有此女如
是辯才。云何乃能與如是等鎧甲大龍其相問答。卓
立不坐。復不屈身禮諸菩薩。爾時月上白舍利弗作

如是言。尊者舍利弗。譬如。小火。體。能。燒。故。所有。諸。物。悉。皆。能。燒。如是如是。尊者舍利弗。諸菩薩。等。與。於。諸。佛。亦無。有。異。於諸。行。中。欲燒。一。切。諸。煩。惱。時。所有。煩。惱。或自。或他。莫不。能。燒。爾時舍利弗復問女言。汝當成就阿耨多羅三藐三菩提時。而彼佛刹當如之何。其女答言。尊者舍利弗。我於。當。來。佛。刹。之。中。無有。如。是。小。行。小。智。名字。狹。劣。猶如。今。日。舍。利。弗。者。我必。當。取。如。是。佛。刹。爾時舍利弗復言。月上。汝既說言一切法界與如來體等無有異。今者所見云何勝負。月上女言。尊者舍利弗。譬如大海與於牛跡。然彼二水等無有異而彼牛跡不受無量無邊衆生如大海者如是如是尊者舍利弗諸佛聲聞雖同法界而諸聲聞不能爲於無量無邊諸衆生輩作大利益如諸佛者又舍利弗譬如芥子內有虛空十方世界亦有虛空彼二虛空雖無有異然芥子空不能容受聚落城邑不能建立須彌巨海似如十方世界空者如是如是尊者舍利弗雖於一空無相無願而有諸佛與聲聞同然彼聲聞不能與彼無量無邊諸衆生輩作大利益如似諸佛多陀阿伽度阿羅訶三藐三佛陀者爾時長老舍利弗言如是月上佛與聲聞所得解脫豈

不等也。月上答言。尊者舍利弗。勿作是說。乃言諸佛與彼聲聞解脫同等。時舍利弗復問女言。如是之事其相云何。女復答言。尊者舍利弗。我於今者欲有所問。如尊者意為我說之。尊者證得心解脫時。頗能令此三千大千如是世界平如掌不。頗有樹木及以諸山悉各傾低向汝已不。頗或能有除滅一切諸惡已不。頗有悉除一切眾生煩惱已不。頗有能得一切諸天頂禮已不。頗有魔眾聚集徧滿三十由旬而來已不。頗有一念起智慧心得解脫已不。頗復能降一切諸魔眷屬已不。時舍利弗答月上女作如是言。我於如是一切諸事悉無有一。其女復言。尊者舍利弗。菩薩在於菩提道場能有如是勝妙諸事。復有無量無邊勝事。尊者舍利弗。聲聞解脫諸佛解脫乃有如是勝負優劣差別之事。尊者云何作如是念謂佛如來與於聲聞解脫等也。爾時世尊讚月上女作如是言。善哉善哉月上。汝今乃能如是無礙辯說。爾時所化如來。形像在月上女右手之中。即從華起至世尊所。圍遶世尊滿三匝已。從膞而入佛神力故大地震動。爾時世尊一一毛孔出一一蓮華。色如眞金白銀爲葉。功德藏寶以爲蓮臺。彼諸華內自然各各復出一佛。

結加趺坐。彼諸。如來所化。形像。眾相。莊嚴。遍至十方。
諸佛剎土。自然顯現。為彼說法。彼諸佛剎所說法句。
以佛神力。聲還聞。此如來剎土。爾時月上見如是等
妙勝神通。歡喜踊躍。遍滿其體。不能自勝。其女右手
所執蓮華遂捉投擲如來身上。其華到已。在於佛頂
成一華帳。其帳方整。下有四柱。縱廣正等如依繩墨。
帳中自然化出一座。眾寶莊嚴。無量天衣以覆座上。
其座爾時忽復有一化佛形像如釋迦者坐彼座上。
結加趺坐。分明顯著。而月上女擲彼華時作是願言。
世尊。願我藉此善根因緣力故。於未來世若諸眾生

住我相者。爲說其法。令除我相。爾時彼女以佛神力。
忽然復有第二蓮華現其右手。彼女於是復以其華
擲向如來。其華至已。在如來上爲第二帳。衆寶莊嚴。
如上所說。於時彼女復言。世尊願我藉此善根因緣。
於未來世若有衆生住我見者。爲說其法。得除我見。
爾時彼女以佛神力。忽然復有第三蓮華現其右手。
其女爾時復以此華擲向如來。於卽化成第三華帳。
衆寶莊嚴如上所說。是時彼女復言。世尊願我藉此
善根因緣。於未來世若有衆生住於一切分別相者。
我爲說法。除其分別。及除貪欲瞋恚癡等。爾時彼女

忽然復有第四蓮華現其右手。其女亦復以彼蓮華投擲如來。至於佛頂。尋復化成第四華帳。其所莊嚴如上所說。復言世尊。願我藉此善根因緣。於未來世若有眾生住四顛倒。我為說法令除四倒。爾時彼女復以如來神通力故。忽然復有第五蓮華現其右手。其女爾時復以其華向如來擲。其華至已。在於佛頂。亦即成其第五華帳。其帳莊嚴亦如上說。其女於時復言。世尊。願我藉此善根因緣。於當來世若有眾生五蓋覆者。為說其法。令除五蓋。爾時彼女以佛神力。忽然復有第六蓮華現其右手。其女亦復持彼蓮華擲向如來。其華至已。在於佛頂。亦復化成第六華帳。其所莊嚴如上所說。是時彼女復言。世尊。願我藉此善根因緣。未來世中若有眾生著六入者。我為說法。令離彼著。爾時彼女以佛神力。於其右手忽然復有第七蓮華。自然顯現。其女爾時復以彼華擲向如來。至佛頂已。即復變成第七華帳。形狀大小如上所說。其女爾時復言。世尊。願我藉此善根因緣。於當來世若有眾生住著七識。我為說法。令其除斷。爾時彼女以佛神力。忽然復有第八蓮華現其右手。其女復持向佛而擲。其華至已。次第成其第八華帳。形狀縱廣亦如上說。其女於是復言。世尊。願我來世藉此善因。若有眾生著八顛倒。爲說其法。令悉除滅。爾時彼女以佛神力。忽然復有第九蓮華現其右手。其女復將遙擲佛頂。其華至已。次第復成第九華帳。其帳縱廣如上所說。其女於是復言。世尊。願我藉此善根因緣。於當來世若有眾生住九使者。我爲說法令除九使。爾時彼女以佛神力。忽然復有第十蓮華現其右手。其女於是復以彼華擲如來頂。其華至已。次第復成第十華帳。莊嚴縱廣如上所說。其女爾時復言。世尊。願我藉此善根因緣。於當來世具足十力。如今世尊

放大光明。照十方刹等無有異。爾時彼等所化華帳
高至梵宮。是以地居乃至大梵諸天子等因彼華帳
復與無量千萬天衆同來集會。爾時世尊便有微笑。
然諸佛等有如是法。微笑之時。從其口。出種種色光。
其光。所謂青。黃。赤。白。頗梨等。色及以金。銀。如是等。色。
而彼。光照。至於。無量。無邊。佛。土。普至。梵天。覆翳。日月。
光明。威力。勝盛。無比。晃耀。顯赫。還入。佛頂。爾時衆中
長老阿難從座而起。整理衣服。偏袒右臂。右膝著地。
合十指掌。以偈問佛微笑放光因緣之事。

一切諸智非無眼　於一切法無有疑

普照世間光平等　及以微笑有何緣。
往昔劫數尊行施　清淨戒行如寶珠
住忍不動如須彌　尊今光笑有何緣。
常修精進及禪定　得免諸有生死等
意行深遠猶如海　微笑放光有何緣。
常行慈悲無休息　及以喜捨亦復爾
迷失路者能濟拔　尊笑放光有何緣。
尊一毛孔出光明　徧至十方無量刹
忽然覆蔽日月光　奪彼威力作他眼。
所出音聲妙清淨　具六十種世獨尊

所有聞者無厭足　復能除滅諸煩惱。
於十方剎無量眾　一切心有所行者
世尊知已決疑網　尊笑放光有何緣。
誰令決定發道意　誰令乘佛廣大乘
誰令如是滿心願　世尊微笑而放光。
誰令降伏四種魔　謂煩惱魔及死魔
陰魔及以天魔等　微笑放光有何緣。
世尊令誰證大利　誰作法體人師子
名聞誰至十方剎　如是微笑及放光。
一切智者滅不善　諸慈行中最勝慈

於諸分別皆已斷　微笑放光有何緣。
何誰今得廣大利　誰復今得滿願心
和合十力今是誰　如是放光及微笑。
千萬諸天在虛空　夜叉金翅摩呼羅
及諸天女合掌禮　瞻仰世尊歡喜心。
聚集無量諸菩薩　十方剎土悉瞻仰
深智如海欲聽法　淨意光笑有何緣。

爾時世尊即以偈句報阿難言。

阿難汝觀此童女　合十指掌在我前
彼見諸佛妙神通　即發無上菩提意。

過去曾見三百佛　生生世世所見者
恒生恭敬而尊重　常願云何證菩提
願不生於惡道裏　唯願生天及人中
生處不忘菩提心　命終已後知宿命
昔見如來名迦葉　在於樓上墜下身
供養彼尊迦葉故　現得無生及順忍
復有佛號拘樓村　奉施一具妙衣服
是故現得金色體　淸淨顯赫如月天
有佛迦尼迦牟尼　香華塗末供養彼
以是口出妙香氣　猶如栴檀優鉢羅

佛名尸棄兩足尊　瞻仰彼尊滿七日
是故兩目青蓮色　諸類看者不知厭。
厭離。諸。欲。五。百。世。　常行。清。淨。諸。梵。行。
若人。起。欲。來。觀。者。　乃得。清。淨。無。欲。心。
是故三十三天生　從彼來生離車種
一切生處知宿緣　巧說諸偈微妙句。
教化父母及諸親　利益無量眾生等
為欲教化發菩提　故生豪貴大離車。
童女男夫婦人等　教化令入佛乘中
二萬三千諸人類　成熟無量菩提道。

其女轉此女人身　不久出家在我法
廣行清淨大梵行　此處命終還生天。
從天命終復生此　於後惡世護我法
與此眾類作利益　捨命還生兜率陀。
當來彌勒下生時　儴佉輪王家作子
其於彼眾多才藝　可意端正備諸德。
供養彼尊三月日　及諸左右眾圍遶
於彼佛邊得出家　六千三百眾隨逐。
受持彼佛正法已　然後往生安樂土
既得往見阿彌陀　禮拜尊重而供養。

當於賢劫諸佛剎　十方所有諸世界
及以恒河沙如來　悉爲彼衆作利益。
精進智慧禪定力　供養如是諸世尊
劫數諸佛供養已　教化無量千萬衆。
於後八萬俱胝劫　當得作佛名月上
彼尊名號月上者　眉間白毫出妙光。
其光金色甚耀麗　顯赫徧照彼佛剎
日月火光及摩尼　星宿諸光悉不現。
晝夜歲月及四時　皆由彼光更無別
彼剎當無辟支佛　聲聞羅漢亦無名。

清淨勇猛菩薩眾　彼尊唯當有如是
彼眾身並黃金色　百種諸相具莊嚴
悉名爲人妙可喜　彼刹無欲胎生者
蓮華臺中自化生　生已即有大威德
於算數中不可量　無量神道至諸刹
無生法忍無障礙　彼刹無魔及外道
亦無破戒惡朋友　受淨報如兜率陀
若有彼刹所生者　諸受果報悉平等
金銀眞珠微妙網　廣大徧覆彼世間
彼大世尊壽命長　住世七十三千劫

壽盡涅槃滅度後　正法住世滿一劫
彼尊在世及滅度　法教一住無有殊。
我若一劫讚歎彼　世尊剎土諸功德
今日。所。說。諸。譬。喻。　如海。取。於。一。滴。水。

爾時月上從佛對聞與己授記。聞已歡喜踊躍無量。飛騰虛空。去地高至七多羅樹。旣住於彼七多羅已。其女於是轉彼女身變爲男子。卽時。大。地。皆。悉。震。動。出大。音。聲。雨天。華。雨。出大。光。明。徧照。世。界。爾時月上菩薩卽住彼空以偈嘆佛作如是言。

假動須彌空倒地　修羅住處皆悉滅

大海枯涸月天墜　如來終不出妄言
假使十方眾同心　或火成水水成火
無量功德最大尊　利益眾生無異說
大地虛空成混沌　百剎同入芥子中
羅網可用縛猛風　如來終不有妄語
世尊如是眞實言　故我決住菩提道
今既大地徧震動　我證菩提定無疑
我今既得菩提記　即轉法輪無有別
猶如世尊所說法　我百數劫已得聞
利益天人八部輩　及諸比丘四眾等

又爲無量諸菩薩　汝等於佛莫生疑。
當來悉成無分別　是故決發菩提心
諸法皆悉如幻化　諸佛所說如夢想。
是處無人無養育　衆生命及富伽羅
如是諸法本性者　喻如虛空無有異。
我先所有女人身　彼身空體亦無實
既無實體是爲空　空體無物無可取。
彼身顛倒分別生　分別猶如鳥飛空
意欲成就佛菩提　復欲降伏四魔衆。
復欲三千大千界　轉於微妙大法輪

汝等猛發菩提意　尊重供養婆伽婆。
不久當成功德尊　同於眞體無有別
善利丈夫尊沙門　二足中尊我頂禮。
能施愛物常得愛　能施法財得自在
佛是樂本能與樂　能伏怨讎及諸魔。
我嘆應嘆最勝尊　又嘆自在無羨者
我意所觀諸方處　願見諸佛不思議。
放光如今釋師子　我亦當知十方佛
皆悉同體覺一法　於眞如法悉無二。
無量眾生同實際　有此忍者當作佛。

爾時月上菩薩說此偈已。從空而下。頭面作禮。彼作禮時。頭未離地。而有無量百千數佛現其目前。彼等諸佛同音授彼月上之記。當成阿耨多羅三藐三菩提。月上菩薩眼自對見彼百千佛授其記已。歡喜踊躍。徧滿其體。不能自勝。卽從如來求請出家。白言善哉。唯願世尊自說法中與我出家。佛卽告彼月上菩薩。若必然者。當問父母。聽汝已不。爾時童子所生父母對見如是變化神通。復從佛聞為彼授記而白佛言。如是世尊。我等已許。唯願世尊放彼出家。又願我等於未來世會如此法。爾時世尊卽放童子而出家也。時彼童子當出家時。卽有一萬二千人俱發阿耨多羅三藐三菩提心。佛說如此法本之時。復有七十那由他諸天人等遠塵離垢。於諸法中獲得淨眼。復有五百諸比丘等於無爲法獲得漏盡心得解脫。復有二百比丘尼等與其同類二萬人俱。其中或有未曾發於阿耨多羅三藐三菩提者亦得發於菩提之心。佛說此經已。月上菩薩長老阿難諸菩薩衆及彼大會天人阿修羅乾闥婆等八部之類歡喜奉行。

佛說月上女經卷下

優婆夷淨行法門經卷上

出安公涼土錄失譯師名

修行品第一

如是我聞。一時佛住舍衛國彌伽羅母弗婆羅園歡喜殿中。於是毗舍佉母與千五百清信優婆夷來詣佛所。稽首佛足。却住一面。爾時佛告毗舍佉。何緣晨朝而來至此。毗舍佉母白佛言。世尊。已聞如來先所略說甚深難解無上之法名曰優婆夷淨行。唯願世尊哀愍我等廣演分別微妙法相。令我等輩聞此法已。當來長夜安隱快樂。天上人中乃至菩提。佛語毗舍佉母。善哉善哉。善女人。汝於。往昔。無量。劫。中。常樂。
聞法。與諸。眷。屬。曾於。我。所。貪求。廣說。毗舍佉母聞佛
所說往昔因緣。歡喜踊躍而白佛言。世尊。唯願如來
爲我宣說。令得開解。佛告毗舍佉。諦聽諦聽。我當爲
汝分別略說。善女人。過去久遠無量劫中。爾時有國
名波羅奈。王號梵與。其王夫人名跋陀羅。王有一女
名曰蓮華。形貌端正。稟性儒賢。聰慧明了。志樂多聞。
精勤勇猛。常修善行。於世技藝善能通達。恒爲父母
之所愛重。爾時雪山有一梵志名那羅馱。勤修梵行。
得五神通。恒爲大眾廣說諸法。名聞遠徹流於四方。

爾時彼女從善友所聞讚梵志神通如是功德難量。常爲大衆宣揚妙法。心生歡喜。便自念言。善人難見。法亦難。聞身命難保。是故我今宜應速往禮拜問法。作是念已。往父母所而自啟曰。聞人稱歎梵志修行道德巍巍。唯願父母聽許我等往詣梵志聽受法味。父母答言。汝今年幼生長深宮。稟性柔軟。初未曾出。雪山懸遠。路險艱難。汝今云何當能到彼。吾國多有耆舊梵志神智無二。善能宣說甚深妙法。我當爲汝請入宮內講論道法。恣汝所聞。勿須去也。女又請曰。波羅奈國耆舊梵志皆悉尊重。推其道術。唯願聽許。

得聞法要。王以愛念不違其願。勉而許之。爾時父王即勅四臣及宮中婇女。莊嚴供養。皆使具足。臣白王言。大王所勅皆悉已辦。於是王女心自念言。我求聽法今正是時。便與宮中婇女眷屬千五百人賫持香華往詣梵志而便聽法。佛告毗舍佉。爾時王女者汝身是也。雪山梵志者即我身是。汝於往昔曾求廣說。今亦如是。我當為汝分別演說淨行法門。毗舍佉母白佛言。善哉世尊。如來大慈哀愍眾生。願為解說。我當修行。佛告毗舍佉。汝等諦聽。我今為汝廣演分別優婆夷淨行法門。如是法者乃是諸佛之所護念汝今應當精勤修學。毗舍佉。若善女人捨惡知識。親近善友。應供養者而供養之。是則名爲優婆夷淨行。宿因所感。處好國土。善安置身。亦名淨行。供養父母。奉事夫主。瞻視兒息。亦名淨行。勿於小罪而生輕想。所應作者次第作之。亦名淨行。常樂布施。修習作法。愛念親友。亦名淨行。遠離飲酒。不爲衆惡。常修愛語。亦名淨行。多聞技藝。善學威儀。研尋所聞。不令廢忘。亦名淨行。恭敬尊重。少欲知足。受恩能報。亦名淨行。不爲八法之所動轉。顏貌怡悅。亦名淨行。心不憂慼。常得安隱。若能如是一切無退。衆務休息。亦名淨行。能

於善法不生懈怠。疾證無上解脫涅槃。亦名、淨、行。忍
辱隨語。樂見沙門。身行正直。猗於大薩。亦名淨、行。能
以智火。燒滅煩惱。具足善法。勇猛無退。亦名淨行。不
毀謗人。不行杖楚。善護諸根。攝心不亂。亦名、淨、行。直
心不貪。常樂靜處。精勤修習。永無退轉。亦名、淨、行。於
菩提道進而不退。厭惡三界。猶如死屍。深觀如此。亦
名、淨、行。心常樂。捨難捨。之身。善能護持。難持禁戒。樂
修禪定而不散亂。亦名、淨、行。無量眾生於菩提道而
生退想。而我能進。一切進者而我不退。行住亦爾。是
名、淨行。一切眾生燒滅善根而我生之。人所樂生。我

今滅之。生死無極。我得其邊。亦名淨行。毗舍佉母聞佛所說。歡喜踊躍。得未曾有。而白佛言。世尊。優婆夷法門。復有幾行。佛告毗舍佉。有十行法。汝應修學。何謂爲十。一者見慳貪過。樂修行施。二者見五根過。樂持禁戒。三者見在家過。樂欲出家。四者見疑惑過。樂修智慧。五者見懈怠過。樂勤精進。六者見瞋恚過。樂行忍辱。七者見妄語過。而樂忠信。八者見亂心過。常樂禪定。九者見罪苦過。而樂慈悲。十者見苦樂過。樂行捨心。爾時世尊。欲重宣此義。而說偈言。

從施得大富　能捨所愛身　離欲樂出家

持戒攝諸根。修學得智慧　精進斷懈怠
忍辱除瞋恚　實語不虛妄。若遇世八法
安住心不動　心常樂禪定　永無有散亂。
慈悲利眾生　修捨離苦樂　若能行此法
是名大勇猛。得度法海岸　而證菩提道。

毗舍佉母聞佛所說。心生歡喜白佛言。世尊。初有幾事應當遠離。復有幾法應當親近。佛告毗舍佉。有五十八法應當修學。亦應遠離。何謂也。謂離一切不淨之法。親近淨法。應離惡法。親近善法。不應育養。不將養之。不應往處。勿往親近。所應往者。即便應往。不應作者。終不妄作。所應作者。方便應作。非法求得。不應用之。如法而得。應當受用。善識身心。常樂靜處。捨離欺誑。行於正語。厭離懶惰。樂行精進。善攝諸根。不令放逸。先意謙敬。捨於貢高。常行忍辱。不生瞋恚。自不諍訟。善和合衆。捨不覆藏。住於覆地。捨無義語。住於義語。捨於邪命。正命自活。善能量身。受於飲食。不樂多求。住於少欲。捨於剛強。住調柔地。修習軟語。遠離麤言。捨不安樂住。安樂處。捨不同見。共等類住。捨無問處。住諸問處。厭離三界。住不樂三界。捨一切作。住無所作。捨於我見。修學空法。毗舍佉。此五十八初法如是。汝應修行。爾時世尊重說偈言。

若一切所學　初後無有餘　應遠離親近
已作得安樂。　一切法學已　所願皆具足
捨愛身命故　而證無上道。　若有如是學
於淨行法門　非聲聞緣覺　亦非證菩薩。
於無量劫中　稱歎其功德。

佛說偈已。毗舍佉母心大歡喜。更增上問世尊。淨行法門復有幾種名爲大行。佛言有三大行。汝應修行。何者名三大行。一者大信心。二者大精進。三者大智慧。世尊。云何大信心。佛言。大信心者信佛是。佛是婆伽婆阿羅訶三藐三佛陀明行足善逝世間解無上士調御丈夫天人師佛世尊。是名大信心。何者大精進。若能於中成精進行。一切惡法。棄捨遠離。一切善法。應當攝取。於善法中。勇猛不息。是名大精進。何者大智慧。若人以智慧眼見生滅法。聖人所度。無常苦盡。是名大智慧。是則名爲三種大行。爾時世尊重說偈言。

其大信心　深著不離　諸行具足
而求菩提。　其大精進　堅固難捨
勤修已滿　而求菩提。　其大智慧

究竟明了　具波羅蜜　而求菩提。
初法增已　知大名聞　增長盡已
隨所修行。　以此知故　解過人法。

佛說偈已。毗舍佉母心生歡喜。更增上問世尊。優婆夷淨行法門進趣佛地復有幾行。佛告毗舍佉。更有四行而取佛地。何謂爲四。一者翹勤精進。二者無惑智慧。三者逝定不退。四者行慈利益衆生。毗舍佉。以此四法進趣佛地。爾時世尊重說偈言。

翹勤樂精進　智慧無迷惑　逝定不退轉
行慈利衆生。　以此四法故　而證薩婆若。

佛說偈已。毗舍佉母心生歡喜。更增上問世尊。復於幾法安住得觀。云何法集無有分散。初合法者復有幾事。佛告毗舍佉。於四法中安住得觀。謂慈悲喜捨。其中法集無有分散。謂得聲聞智辟支佛智薩婆若智佛智。初合法者有三十二觀法。所謂念佛念法念僧念戒念施念天念阿那般那。觀滅想。觀身想。觀寂靜想。觀地水火風想。觀青黃赤白想。觀虛空想。觀識處想。觀膖脹想。觀臭穢想。觀穿漏想。觀爛壞想。觀處處分散想。觀骨肉縱橫想。觀骨濕想。觀白骨色想。觀一切無常想。觀一切法無我想。是名三十二觀法四無量心。是名安住得觀聲聞智辟支佛智薩婆若智佛智。是名法集無有分散。爾時世尊重說偈言。

若以下觀　得聲聞智　善修中觀
得緣覺智　上觀滿足　得菩提智

佛說偈已。毗舍佉母心大歡喜。更增上問世尊。於不淨法門云何心住。疾離煩惱。通達六門。佛告毗舍佉。有三十二法門於不淨中心所樂住。疾離煩惱。便通六門。何者三十二法門。謂身中有髮毛爪齒皮肉筋骨。肪膏髓腦。心腎肝膽。大腸小腸脾肺肚胃膿血痰汗。涕唾涎淚屎尿不淨。毗舍佉。是為三十二不淨之觀。令心樂住淨行法門。疾捨煩惱。得通六門。爾時世尊重說偈言。

猶如江流　聚入大海　於法門中
流觀亦爾。　善觀麤細　淨以不淨
無上智法　佛悉通達。

佛說偈已。毗舍佉母心大歡喜。更增上問世尊。菩薩於淨行法門有幾戀著住於世間不得解脫。佛告毗舍佉。淨行法門前諸菩薩有七縛著住於世間。何謂為七。一者若我得度。世間未度。我欲度之。二者若我得脫。世間未脫。我欲脫之。三者若我已覺。世間未覺。

我欲覺之。四者若我已調世間未調。我欲調之。五者若我已安。世間未安。我欲安之。六者若我成道。世間未導。我欲導之。七者若我已得涅槃。世間未得。我欲令其入於涅槃。毗舍佉。是爲菩薩七種戀著住於世間。不得解脫。爾時世尊重說偈言。

已度度衆生　已脫脫衆生　已覺覺衆生
已調調衆生　已安安衆生　已導導衆生
我已得涅槃　令衆生涅槃　三界如火宅
貪欲如泥網　一切滅斷之　而證菩提道

爾時世尊說此偈已。毗舍佉母心大歡喜。更增上問世尊。淨行法門修幾善行一切法滿。佛言。修三善行令一切法滿。何謂爲三善行法。一者身善行。二者口善行。三者意善行。此三善行滿。令一切法滿。所謂得布施滿。得持戒滿。得出家滿。得智慧滿。得精進滿。得忍辱滿。得眞實滿。得誓願滿。得慈悲喜捨滿。得四思滿。得四定滿。得四神足滿。得五根滿。得五力滿。得七菩提滿。得八正道滿。得九智滿。得十力智滿。得須陀洹道智滿。得須陀洹果智滿。得斯陀含道智滿。得斯陀含果智滿。得阿那含道智滿。得阿那含果智滿。得阿羅漢道智滿。得阿羅漢果智滿。得四智滿。所謂法智未知智名字智他心智滿。得盡智滿。得無生智滿。得雙神力滿。得大慈三昧智滿。得一切智滿。得無礙智滿。毗舍佉。是名修三善行滿。令一切法滿。爾時世尊而說偈言。

修三善行已　一切法皆滿　滿一切法已

而證菩提道。

佛說偈已。毗舍佉母心大歡喜。更增上問世尊。淨行法門有幾大人念。佛言有八大人念。何謂爲八。一者少欲非不少欲。二者知足非不知足。三者寂靜非不寂靜。四者遠離非不遠離。五者精進非不精進。六者禪定非不禪定。七者智慧非不智慧。八者無礙非不無礙。毗舍佉。是名八大人念。爾時世尊重說偈言。

善定諸念　念非善法　若毀此念
而生厭離　善定諸念　念非善法
觀練法相　得進無上。

修學品第二

佛說偈已。毗舍佉母心大歡喜。更增上問世尊。初學菩薩於淨行法門云何修學而得菩提。佛言。初學菩薩有五十修學而得菩提。何者五十。所謂深入法性。不捨不滅。不墮不退。修學捨心。修學多聞。修學威儀。

修學降伏眾魔。修學光明。修學佛相好。修學禁戒。修學三昧。修學波若。修學大披若。修學善行。修學大善行。修學色相。修學無二語。修學如意足。修學上如意足。修學大如意足。修學妙如意足。修學意行。修學已意行。修學大意行。修學佛所王領。修學自在。修學佛心相。修學滿心相。修學神通。修學大神通。修學眞實。修學王領正法令得久住。修學至極處。修學佛刹土。修學佛壽命。修學菩提樹。修學蓮華。修學佛說法。修學大法輪。修學轉法輪。修學善知識。修學不捨眾生。修學手圓滿。修學劫波樹衣。修學師子座。修學右脅

臥牀修學佛所食味修學毗羶闍修學如來水相毗舍佉是爲五十學法初行菩薩應當修學深入不捨不滅不墮不退汝應當知爾時世尊而說偈言

一切行具足　而求寂靜法　光明照佛刹
爲慈衆生故　引導諸衆生　得度三界難
一切法無窮　如來已到彼

爾時世尊說此偈已毗舍佉母心大歡喜更增上問世尊如來有幾光明初學菩薩云何修行佛告毗舍佉如來有六種光明何謂爲六一者青光二者黃光三者赤光四者白光五者紅光六者光色照明毗舍

佉。是名如來六種光明。初學菩薩云何修行得此光明。毗舍佉。菩薩爲得青光明故。恒以青華青塗香末香青氈青寶而以供養。若入禪定。常觀青色。作已而願當來之世願得青光。云何菩薩修學黃光。恒以黃華黃塗香末香黃氈黃寶而以供養。若入禪定。常觀黃色。作已而願當來之世願得黃光。云何菩薩修學赤光。恒以赤華赤塗香末香赤氈赤寶而以供養。若入禪定。常觀赤色。作已而願當來之世願得赤光。云何菩薩修學白光。恒以白華白塗香末香白氈白寶而以供養。若入禪定。常觀白色。作已而願當來之世願得白光。云何菩薩修學紅光。恒以紅華紅塗香末香紅氎紅寶而以供養。若入禪定。常觀紅色。作已而願當來之世願得紅光。云何菩薩修學光色照明。恒以光明華光明塗香末香光明氎光明寶而以供養。若入禪定。常觀光明。作已而願當來之世願得光明照耀。毗舍佉。是名菩薩修學如來六種光明。爾時世尊而說偈言。

佛光有六種　青色黃色光　赤白及紅色
光相最照明。　若有智慧人　常當勤修行
若樂妙色光　應學廣大行。　華香燈供養

恒施無上尊　修學六種行　所願皆成就。

佛說偈已。毗舍佉母心大歡喜。更增上問世尊。大人之相凡有幾種。初學菩薩云何修學。佛言。大人之相有三十二。菩薩所修有二十行。與大人相合得成二道無有餘也。何謂二道。若在家者得作轉輪聖王王四天下降伏諸國。七寶隨從。一金輪寶。二白象寶。三白馬寶。四摩尼寶。五玉女寶。六藏臣寶。七主兵寶。復有千子勇健威猛能伏怨敵。盡大海際以法降伏不用兵仗。若出家者得成爲佛天上人中最尊第一具三十二大人之相。何者三十二相。所謂身黃金色。圓光一尋猶如融金。梵身方直。項後日光。項有肉髻。其髮紺青。佛身圓滿如尼俱律樹。眉間毫相如兜羅緜。上下俱眴目睫紺青。舌能覆面。梵音八種如迦陵頻伽聲。口四十齒。齒白齊密。師子頰。皮膚細薄不受塵垢。一一孔一毛生。紺色細輭皆起右旋。師子臆。胸有卍字。七合處滿。手足合縵網。指纖長。手內外握。立手過膝。陰馬藏。腳䏝直。鹿腨腸。足底相千輻輪。足跟長。是名三十二大人之相身。毗舍佉。何者二十事修大人相。如來往昔作凡人時。於善法中成就堅固不易受持。身作。善行。口為。善行。心念。善行。一切布。施與。眾生。其堅持禁戒。恒住布施。供養父母沙門婆羅門耆舊宿德。六親眷屬。於諸善法。皆悉行已。修集滿足積聚高廣。生死無量。乃至一生。補處如意自在。常受天樂壽命色力王位名聞色聲香味觸。受天樂已。下生人間得大人相成足下平跗地皆著。舉足俱上。腳趺隆起。猶如龜背。以此相故。若在家者。得作轉輪聖王。若出家者。得成阿耨多羅三藐三菩提。永斷生死。得常樂涅槃。內外怨家。梵魔沙門婆羅門。所不能壞。是名為佛。爾時世尊重說偈曰。

於諸法調柔　恒持齋禁戒　布施心平等

深觀無常法。　一切所行業　堅固心受持
以此行業故　常生天人中。　受天上樂已
還生於人中　受世間福報　而得足下平。
蹈地皆悉著　隨蹈地起迎　若在家出家
皆有如是相。　若梵天魔王　沙門婆羅門
一切諸怨家　皆悉已降伏。　出家行學道
斷絕生死源　衆行已滿足　得成無上尊。
復次毗舍佉。云何修行千輻輪相。如來往昔作凡人
時。荷負衆生除其恐怖施無畏樂。凡所布施悉其衆
生。積業高廣。不可稱計。於此命終。往生天上。常受妙

樂。如是展轉無量無邊下生世間。得大人相。足下千輻輪。輪相具足如眞金輪。得此相已。若在家者作轉輪聖王王四天下七寶隨從。常爲沙門婆羅門居士大臣長者及諸四兵之所圍遶。若出家者得成爲佛。大衆圍遶。比丘比丘尼優婆塞優婆夷天龍夜叉乾闥婆阿修羅迦樓羅緊那羅摩睺羅伽等恭敬尊重。爾時世尊重說偈言。

我於無量世　展轉三界中　荷負衆生樂
爲除怖畏處　善護不休息　以此功德業
常生人天中　至一生補處　兩足千輻輪

光曜如金輪　千行業所感　記成人中尊
得大眾圍遶　降伏諸魔怨。若獲剎利種
得成轉輪王　若出家學道　得成無上尊。
天人阿修羅　摩睺羅伽等　四足及非人
皆恭敬供養。名聞滿十方　眾生良福田。
復次毗舍佉。云何修行三大人相。如來往昔作凡人時。不害眾生。捨殺生想。不行杖楚。一切器仗悉不畜之。恒生慚愧。修習慈悲。積業高遠。不可思議。生死無量。乃至一生。補處。下生人間。得三大人相。一者足跟長。二者指纖長。三者梵身圓直。以此相故記壽命長。

現久住相。亦護壽命。終不中夭。若出家者。得成爲佛。壽命長遠。一切世間天人沙門婆羅門無有能害。如來壽命。爾時世尊而說偈言。

一切畏死怖刀仗　以己爲喻勿行杖
是故遠離不思念　以此善行生天上
受天果報無量樂　壽盡下生得三相
指足跟長梵身滿　安置地上如金龜
柔輭纖長如金杵　身體光曜如須彌
三相記成天人相　亦表如來壽命長

復次毗舍佉。云何修行七處滿相。如來往昔無量劫中作凡人時。恒作施主。餚饍飲食種種甘果香美。諸衆勤修布施。積集高廣。不可稱計。乃至一生補處常受天樂。下生世間得七處滿相。肩頭臂腳皆悉圓滿。以此相故。若在家者得作轉輪聖王。世間上味具足而得。若出家者得成爲佛。所受飲食於天上人間味中最上。爾時世尊而說偈言。

食噉甞無上味　施主恒修如是行
以此善行無有量　難陀園中受快樂
業報一生下世間　得大人相七處滿
手腳柔軟無有比　以此相故得上味

在家出家皆如是　如來永斷三界滿
是故得成無上尊

復次毗舍佉。云何修行手足柔輭合縵網相。佛於往昔作凡人時。常以四攝攝取衆生。布施愛語利益同事。有所求索。不違衆生。積業高廣。乃至一生補處。常受天樂。下生世間。得二大人相。一手足柔輭。二手足合縵網。以此相故。若在家者作轉輪聖王攝四天下。若出家者得成法王。普攝一切無量衆生。比丘比丘尼優婆塞優婆夷天龍夜叉乾闥婆阿修羅迦樓羅緊那羅摩睺羅伽人非人等。爾時世尊而說偈言。

修布施愛語　行利益同事　恒以四攝法
攝眾無有餘　以此行業故　常生天人中
下生於世間　得二大人相　手足悉柔輭
俱有合縵網　微妙極細薄　外黃裏紅色
以此二相故　在家轉輪王　若以善法化
一切皆順行　堅受持不犯　歡喜讚聖王
施恩無有比　慈潤於四方　若棄捨五欲
出家得成佛　為眾生說法　聞者悉頂受
復次毗舍佉。云何修行如來腳相𦟛直。身毛旋起。佛
告毗舍佉。我於往昔作凡人時。恒以善法饒益眾生。

常行法施初未曾說無義之語以此業故增長廣大乃至一生補處下生世間得一大人相一脚臚直踝骨不現二者毛端旋起以此相故若在家者得作轉輪聖王人中最尊高妙上勝於五欲中歡喜快樂七寶千子隨從侍衞若捨家業入山學道得成爲佛天上人中最尊最上無有二者一切衆生恭敬尊重爾時世尊而說偈言

恒以善法　利益衆生　恒以善語
教導衆生　恒以善力　將化衆生
歡喜快樂　恒行法施　無有嫉妬

以此業故　積行無量　下生人間

得大人相。一腳𦟛直　踝骨不現

一一毛端起　悉皆右旋。若在家者

作轉輪王　王四天下。若出家者

得成爲佛　天上人中　最尊最上。

復次毗舍佉。云何修行鹿腨腸相。如來於昔無量劫中作凡人時。善勸教人一切典籍威儀工巧醫方呪術。教持禁戒悉皆具足。恒自思惟。云何令人善解義趣。速得通達。不生疲倦厭惡之心。以此業故。勤積高廣。乃至一生補處。常受天樂。下生世間。得大人相。成鹿腨腸。若在家者作轉輪聖王王四天下。一切所須供養之具隨念速得。若出家者得成爲佛天上人中所須供養皆悉疾得。爾時世尊重說偈言。

諸典悉教學　工巧及呪術　醫方察眾病
恒自作思念。云何令速成　於學不疲倦
展轉教餘人。以此行業故　積聚不可量
至一生補處　成大人相好。而得鹿腨腸
纖好成圓滿　皮細薄柔輭　毛起皆右旋。
以此大人相　記成人中尊　在家轉輪王
所求皆速得。若出家作佛　一切諸供養

隨念悉具足。

復次毗舍佉。云何修行皮膚細輭。不受塵垢。佛於往昔作凡人時。若沙門婆羅門刹利居士來至我所而問我言。大德何者名善行。何者名不善。何者應親近。何者應遠離。何者行業得受安樂。何者行業而受苦惱。我於往昔爲人分別是法應作。是不應作。是法應行。是不應行。是法得快樂。是法不安樂。以此業故。積行無量。乃至一生補處。受天福樂。下生人間。得大人相。皮膚細輭。不受塵水。譬如蓮華雖在水中。水不能汙。如來身相亦復如是。以此相故。若在家者作轉輪聖王。聰明智慧。於諸世間沙門婆羅門剎利居士無有及者。若出家學道得成爲佛。智慧廣大利疾智慧最上最勝。諸天世人梵魔沙門婆羅門諸有智慧無能及者。爾時世尊而說偈言。

佛於無量世　凡人時修行。　若有來問者
勤教令速成　恒在出家地　善分別義趣。
以此行業故　若天上人中　常得大智慧。
一生下人中　得皮膚細輭。　以此相好故
成就大智慧　若獲剎利種　在家轉輪王。
若不樂在家　出家得成佛　獲一切種智

天上及人中　無有能及者。

優婆夷淨行法門經卷上

優婆夷淨行法門經卷下

出安公涼土錄失譯師名

修學品第二之餘

復次毗舍佉。云何修行身黃金色光明照耀猶如金山。如來往昔無量劫中。常樂修善。不瞋。不恚。若有眾生。惡罵。捶打。悉皆能忍。不生瞋恨。恆自慚愧。生大悲念。皆是過去先業所報。常自剋責。復行布施。柔輭氍氎芻摩劫貝憍奢耶衣。如是等衣。恆以施人。如是展轉無量世中。積功高大。常受天樂。下生人間。得大人相。身黃金色。於諸金色最上最勝。以此相故。若在家者作轉輪聖王王四天下。於四天下若有柔軟氍氀敷具芻摩劫貝憍奢耶衣欽婆羅衣一切世間柔軟之物王悉得之。若出家者得成爲佛。人中細軟衣服臥具劫貝芻摩欽婆羅衣如是等物如來悉得。爾時世尊重說偈言。

不生瞋恚心　恆慚愧剋責　布施細妙衣
上氎無價物。恆施與衆生　施已心歡喜
踊躍無悋惜。譬如人失火　出物大歡喜
積善無有量　生天受快樂。從此生人間
而得大人相　身體黃金色　猶如金山王。

在家轉輪王　善護四天下　大得柔輭觸
一衣直千萬。若學道成佛　化天人龍神
衣服亦如是。
復次毗舍佉。云何修行陰馬藏相。如來於過去無量
劫中作凡人時。常樂修行善和合眾。若與父母男女
兄弟姊妹親戚眷屬善友知識。乃至畜生。若有別離
樂和合者。悉隨所樂。善能和合。令其歡喜。以此業故。
所積高廣。常生天上。受天福樂。下生人間。如是展轉
無量無邊至一生補處。得陰馬藏。以此相故。記成千
子。作轉輪王王四天下千子勇健能伏怨敵若出家

者得成爲佛。從法生子。過於千萬。勇猛多力。能却魔怨。爾時世尊而說偈言。

我於無量世　本作凡人時　常爲和合衆
令得安樂住。若父母男女　兄弟及姊妹
親戚諸眷屬　善友知識等　若離別苦者
善和合安樂。以此行業故　常生天人中
受天上快樂　下生於人間　得陰馬藏相
現成得千子。勇健無有比　能降伏怨敵
恆供養父母　令得歡喜樂。若出家作佛
法子有千萬　戒定神通力　能摧伏魔怨。

復次毗舍佉。云何修行梵身圓滿如尼俱律樹。立身正直。手得摩膝。如來往昔作凡人時。恆修弘慈。善能觀察善惡麤細等不等法。此是智慧。此是愚癡。此是精進。此是懈怠。此是瞋恚。此是忍辱。如是分別。隨其等類而教導之。以此業故。展轉無量天上人中乃至一生補處。下生人間。得二大人相。一者梵身圓滿如尼俱律樹。二者立身正直。手得摩膝。以此相故。若在家者作轉輪王。王四天下。財富無量。金銀琉璃車渠馬瑙珊瑚虎珀眞珠等寶。五穀豐熟。庫藏盈溢。若出家者得成為佛。具足七財。信戒施聞慧慚愧。如來亦有如是等物無量無邊。爾時世尊重說偈言。

我於過去世　善稱量眾生　選擇分別已
觀察悉平等。能常別眾生　隨類應施與
以此行業故　常生天人中。下生於人間
立身直不曲　兩手得摩膝　猶如尼俱樹。
從地生方圓　佛身亦如是　從無量劫來
行業地所生。二相現財富　令天下太平
在家受五欲　得成轉輪王　捨五欲出家
得成無上尊。

復次毗舍佉。云何修行三大人相。一者師子臆。二者項出日光。三者肩頸團圓。如來過去作凡人時。恆利益衆生。樂安樂住。信心持戒多聞惠施財穀田宅奴婢牛羊象馬車乘妻妾男女侍從左右眷屬親戚令得增長。以此業故。常生天上。下生人間。得三大人相。一者師子臆。二者項出日光。三者肩頸團圓。以此相故。若在家者作轉輪王。王四天下。法常增長財物田宅五穀豐熟妻子眷屬奴婢侍從善友知識一切具足。無有減少。若出家者得成爲佛。七財具足。四部眷屬亦無減少。爾時世尊重說偈言。

信心持戒　多聞惠施　奴婢象馬

牛羊田宅　妻子眷屬　善友知識
恒作善念　云何令其　色力安樂
得大增長　以此業故　常生天上
下生人間　得大人相　半師子臆
項出日光　肩頸圓直　三相記成
若在家者　眷屬妻子　奴婢象馬
悉皆興盛　若出家者　得成爲佛
眷屬增長　得無減法

復次毗舍佉云何修行得有此字如來於往昔作凡人時不惱衆生不行杖楚亦不籠繫以此業故積行

高廣。常生。天。上。下生。人。間。得大人。相。胷有卍字。若在家者。作轉輪王。無諸疾病。四時調適。不寒不熱。若出家者。得成爲佛。亦無諸病。常得調和。不冷不熱。身體輕利。堪入三昧。爾時世尊重說偈言。

不寵繫衆生　亦不行杖楚　不以諸刀杖
加害於衆生　以此行業故　常生天人中
受天上快樂　至一生補處　下生於人間
而得大人相　胷字有卍數　以此相好故
無有諸疾病　若在家出家　常得受快樂
若獲刹利種　得王四天下　若出家學道

得成無上尊　純受上妙樂。

復次毗舍佉。云何修行眼下紺色如青蓮華。目睫捲起紺色光明。佛於過去無量劫中作凡人時。恆修善行。不以惡心。張眼。低目。棄視。眾生。不以欲心。眄睞看。之。恆以喜心。離瞋愛癡。直視。眾生。以此業故。常生天上受天快樂。下生人間。得二大人相。一者眼下紺青上下俱眴。二者目睫細輭。捲起纖長紺色光燄。以此相故。若在家者作轉輪王。王四天下。一切人民沙門婆羅門剎利居士妻子眷屬羣臣侍人觀視無厭。若出家者得成爲佛。爲諸四眾比丘比丘尼優婆塞優婆夷天人阿修羅摩睺羅伽乾闥婆等一切眾生善心歡喜。瞻仰如來無有厭足。爾時世尊而說偈言。

佛於過去世　本作凡人時　亟修諸善行
不以瞋恚心。張眼低棄視。亦不以愛染。
欲心看眾生。眼淨離垢濁。歡喜心直視。
以此行業故　常生天人中　至一生補處。
下生於人間　得眼睫紺色　目如青蓮華
上下俱眴明。以此大人相　記聰明智慧
一切諸眾生　樂視無厭足。在家轉輪王
成就大智慧　七寶悉具足　能伏四天下。

出家得成佛　而獲一切智。

復次毗舍佉。云何修行頂有肉髻頭髮紺青。如來於
過去世作凡人時。於功德中恆在人前。身口意業布
施持戒。月修六齋。供養父母沙門婆羅門親友眷屬
耆舊宿德。復有善行不可稱計。以此行故。積聚無量
常受天樂。乃至一生補處。下生人間得二大人相。一
者頂有肉髻。二者頭紺髮青。以此相故。若在家者作
轉輪王。王四天下。爲諸人民之所依憑。若出家者得
成爲佛。爲諸四衆比丘比丘尼優婆塞優婆夷天龍
夜叉乾闥婆阿修羅迦樓羅緊那羅摩睺羅伽人非

人等所歸依處。爾時世尊而說偈言。

我於過去世　修善中導首　恆修持梵行
爲人所依憑。命終生天上　受諸天快樂。
下生於人間　得二大人相　頂上有肉髻
頭髮捲紺青。在家轉輪王　而王四天下
以五戒十善　覆護於人民。若出家學道
得成無上尊　恆以戒定慧　教授諸眾生。
常爲諸天人　龍神夜叉等　乾闥阿修羅
而作歸依處。

復次毗舍佉。云何修行一一毛孔一毛生眉間白毫如兜羅綿。佛於往昔作凡人時。修不妄語。捨離妄語。恆修實語。護持實語。正心實語。亦不綺語。發言柔輭。隨順衆生。以此業故。常生天上。受天快樂。下生人間。得二大人相。一者一一毛孔一毛生。其毛細輭皆起右旋。不受塵水。二者眉間白毫光明鮮澤。如兜羅綿。以此相故。若在家者。作轉輪王。王四天下。一切人民熾盛增長快樂無極。若出家者。得成爲佛。增長比丘比丘尼優婆塞優婆夷四部眷屬。無量無邊。充滿世界。爾時世尊而說偈言。

我於過去世　恆修不妄語　口初未曾說

空誑不。實。語。　隨順。於。世。間。　發。言。無。過。失。
以此行業故　常生天人中。　下生於人間
得二大人相　眉間白毫光　柔軟如兜羅
毛孔無二生　一一皆右旋。　以此二相故
在家轉輪王　普王四天下　令人民增長。
若捨家學道　得成大法王　教授諸天人
令正法增長。

復次毗舍佉。云何修行口四十齒。齒白整密。如來於。往。昔。無。量。劫。中。恆。修。不。兩。舌。棄。捨。兩。舌。遠。離。兩。舌。從此。聞。已。不。向。彼。說。從。彼。聞。已。不。向。此。說。彼。此。聞。已。利益歡喜乃爲說之以此業故常受天樂下生人間得二大人相一者口四十齒二者齒白齊密以此相故若在家者作轉輪王王四天下無有盜賊眷屬清淨堅固無壞若出家作佛得四部衆比丘比丘尼優婆塞優婆夷堅固受持如來法藏不爲四魔之所能破

爾時世尊重說偈言

如來過去世　修行不兩舌　不鬭亂衆生
善能和合衆　行業生天上　受諸天快樂
下生於人間　得二大人相　口有四十齒
齒白淨齊密　若獲刹利種　在家王四地

王有四兵眾　堅固難沮壞　剎利婆羅門
常不能動轉。若出家作佛　四部眾亦爾
常爲諸天人　所恭敬尊重。
復次毗舍佉。云何修行廣長舌相。出梵音聲如迦陵
頻伽聲。佛於往昔作凡人時。不行麤語。棄捨麤語遠
離麤語。恆修善語。柔軟之語。能入其心。令其樂聞。大
慈悲語。不捨語。弘恩語。人所愛念。以此業故。勤積高
廣。常受天樂。下生人中。得二大人相。一者廣長舌出
能覆面。二者梵音柔軟如迦陵頻伽聲。令人樂聞。以
此相故。若在家者。作轉輪王。王四天下。有所言說。一

切人民皆悉樂聞。歡喜受持。若不樂在家。出家學道。得成爲佛。若有所說。比丘比丘尼優婆塞優婆夷天龍夜叉人非人等皆悉頂受。歡喜奉行。爾時世尊重說偈言。

佛於過去世　恆修行善語　不瞋亦不恚
不鬬亂麤語　常修慈悲語　決定正柔輭
如是一味語　然後乃發言　以此行業故
得舌廣長相　梵音清柔輭　如迦陵鳥聲
以二大人相　在家轉輪王　若有所言說
人民皆受行　出家得成佛　能轉無上輪

若所說妙法　天人阿修羅　龍神夜叉等
聞者皆奉行。

復次毗舍佉。云何修行師子頷。佛於過去世作凡人時。恆修。不綺語。棄捨綺語。遠離綺語。應時而語。義語。法語。威儀語。常住語。有邊語。以此業故。積功無量。常受天樂。下生人間。得大人相師子頷。以此相故。若在家者。作轉輪王。王四天下。一切人民。無能伐者。若出家者。得成為佛。天人阿修羅梵魔沙門婆羅門內外怨家無有能得伐如來者。爾時世尊而說偈言。

我於過去世　恆修。不綺語。　亦不。自稱譽。

及以諸雜語。斷截無義語。常修應時語。
發言令喜樂。利益諸眾生。以此行業故
常受天人樂　下生於人間　成就師子頷
在家轉輪王　威伏四天下　以此大人相
現無有伐者。出家得成佛　沙門梵魔王
大人阿修羅　羅睺緊那羅　內外諸怨家
無有能伐者。

復次毗舍佉。云何修行四牙齊密。白淨光明。佛於往昔作凡人時。捨離惡活。正命自活。亦不行於斗秤欺誑。不以威勢橫取人物。以虛偽物欺誑於人。變形誑愛誑觸誑精進誑如是一切欺誑之法皆悉斷滅以此業故積聚高廣命終生天於天人中十處受樂何謂爲十一者天壽二者天妙色三者天樂四者天名聞五者天王六者天色七者天聲八者天香九者天味十者天觸是名爲十受天樂已下生人間得大人相一者齒無大小二者牙色白淨以此相故若在家者作轉輪聖王王四天下四部兵衆婆羅門衆刹利衆聚落城邑大臣長者妃后婇女及諸千子皆悉嚴淨若出家者得成爲佛亦有四衆比丘比丘尼優婆塞優婆夷天人阿修羅乾闥婆等皆亦清淨爾時世

尊而說偈言。

我於過去世　捨離諸惡活　以清淨法利
修正命自活。能除衆生苦　令其得安樂。
以此行業故　受天十種樂　常爲諸天人
所尊重讚歎。娛樂快樂已　下生於人間
積善之所感　得二大人相　齒無有麤細
牙色光白淨。若獲刹利種　在家轉輪王
四兵衆圍遶　清淨無垢穢。若出家作佛
常爲諸四衆　比丘比丘尼　優婆塞婆夷。
天人阿修羅　龍神夜叉等　清淨無垢濁

悉恭敬圍遶。

毗舍佉。是名二十修行。得三十二大人之相。以此相故。莊嚴如來微妙之身。復次毗舍佉。佛身復有八十種好。云何名爲八十種好。一者指甲紅赤。二者指甲隆起。三者指甲滑淨。四者指甲滿足。五者指團圓。六者指纖直。七者指間密。八者指淨潔。九者手足肥膩。十者手足裏赤。十一者手足平等。十二者手足內滿。十三者掌文深現。十四者掌文端直。十五者掌文纖長。十六手足潤澤。十七掌文不亂。十八踝骨不現。十九膝頭圓滿。二十膝次第滿足。二十一行步齊正。二十二師子王行。二十三鵞王行。二十四龍王行相。二十五牛王行相。二十六行不顧視。二十七行步不亂。二十八半身正直。二十九佛身過人。三十一切滿足。三十一佛身皆好。三十二身體平正。三十三身體滿足。三十四身體正直。三十五身體滑澤。三十六身次第大小。三十七身體淨潔。三十八身體柔軟。三十九身體寂靜。四十身體緊細。四十一身體緊密。四十二身體端嚴。四十三諸根方正。四十四身色不黑。四十五身體無壓。四十六身毛淨潔。四十七腹相團圓。四十八腹無橫文。四十九身體明淨。見諸色像。五十臍

深。五十一臍孔團圓。五十二臍文右旋。五十三臍孔
不凹。五十四臍口不長。五十五臍口不短。五十六臍
毛下連。五十七得龍牙相。五十八牙不過脣。五十九
四牙團圓。六十四牙鋒利。六十一四牙纖長。六十二
四牙齊密。六十三舌廣柔軟。六十四舌色赤好。六十
五梵聲深妙。六十六象王聲。六十七迦陵頻伽聲。六
十八齒根肉滿。六十九鼻不下垂。七十鼻高修長。七
十一鼻孔淨潔。七十二鼻修方廣。七十三目好廣大。
表裏滑淨。七十四眼睛黑光。七十五目睫次第。七十
六眉如半月。圓廓修長。七十七眉毛黑澤。長短隨次。

七十八眉毛純色滑淨光明。七十九耳晉垂埵。內外俱淨。八十頭髮細輭。右旋不亂。次第纖長。一切皆好。毗舍佉。是名如來隨相之好。有八十種。爾時世尊而說偈言。

長夜受持　一切禁戒　無量苦行
名大梵志。三十二相　八十隨好
瓔珞其身　天人中尊。光明赫烈
照曜無極　青黃赤白　更相入間
宛轉旋起　徧滿虛空　放大光明
照無量界。中光照曜　三千世界

如來常光　照於一尋。　若放大光
日月隱蔽　猶如日出　衆星不現。
若放中光　照於世界　日光如月
月色如星。　萬行所感　得如是身。
爲諸衆生　之所樂見　歡喜瞻仰
無有厭足。

瑞應品第三

爾時世尊說此偈已。毗舍佉母歡喜踊躍而白佛言。世尊。菩薩處胎初生之時有幾奇特微妙之相現於世間。佛告毗舍佉。菩薩生時有十六種奇特瑞相。何謂十六種相所謂菩薩捨兜率天身憶念分明而處母胎是為一未曾有奇特之法菩薩捨天身已處胎之時自然光明照於世間世界中間幽冥之處日月星光所不能照悉皆大明其中眾生各得相見咸作是言此中云何忽生眾生一切世間梵魔沙門婆羅門所有光明無能及者又復三千大千世界六種震動諸須彌山震動不停是為二未曾有奇特之法菩薩處胎有四天子執持威儀四方侍衛守護菩薩及菩薩母不令世間人非人等之所惱害是為三未曾有奇特之法菩薩處胎能令其母自然持戒不殺盜

婬妄語飲酒。是爲四未曾有奇特之法。菩薩處胎。其母清淨無有欲心。外人見之亦不生染。是爲五未曾有奇特之法。菩薩處胎。常令其母大得利養。色香味觸自然而至。是爲六未曾有奇特之法。菩薩處胎。母常安樂。無諸疾病飢渴寒熱疲極之患。菩薩亦然。菩薩胎中。母常見之。譬如眞摩尼毗琉璃寶。八楞清淨。內外明徹。一切具足。以五色縷而以貫之。明眼之人。執在手中。見珠八楞及五色縷青黃赤白。了了分明。菩薩處胎。亦復如是。母見其身頭目手足一切身分。悉皆無有障礙。是爲七未曾有奇特之法。毗舍佉。菩薩生七日已。其母命終生兜率天。受天快樂。是爲八未曾有奇特之法。凡人受胎或九月。或至十月而便産生。菩薩不爾。要滿十月。然後乃生。是爲九未曾有奇特之法。世間女人臨欲産時。身體苦痛。或坐或臥。不安其所。然後乃生。菩薩生時。其母安樂。無諸疾惱。歡喜遊戲。舉手立生。是爲十未曾有奇特之法。菩薩出胎。天人承接。後爲世人之所捧持。是爲十一奇特之法。世人受已。有四天子捧接敬受置於母前。心大歡喜。俱發聲言。善哉夫人生大威德勇健之子。是爲十二奇特之法。菩薩初生。無有水血及以胎膜諸不淨物。其身清淨如摩尼珠。以加私國氈而以裹之。不相染著。何以故。彼此淨故。菩薩初生亦復如是。清淨無染如摩尼珠。其母鮮淨亦如彼氈。是爲十三奇特之法。菩薩生時。於虛空中自然而有二飛流水。一冷二暖。浴菩薩身。是爲十四奇特之法。菩薩生已。北行七步。爾時空中自然白傘覆菩薩身。行七步已。徧觀十方。發師子吼。唱如是言。一切世間。唯我爲上。天人中尊。我爲最大。從此生盡。無復後生。是爲十五奇特之法。菩薩生時。於三千大千世界一切衆生蠕動之類皆大歡喜。是爲十六奇特之法。毗舍佉。是名如來處胎初生有十六種奇特之法。爾時世尊而說偈言。

兜率天命終　下生於人間　處胎及初生
清淨無所染。十六種奇特　微妙未曾有
胎中及生時　不與眾生共。生時無迷惑
名聞最第一　現相非一種　佛生瑞如此。

爾時世尊說此偈已。毗舍佉母心大歡喜。更增上問。世尊。菩薩生時有幾瑞相一時俱現。佛告毗舍佉。菩薩生時有三十二瑞相一時俱現。何謂三十二瑞。一者三千大千世界地大震動。自然大明。光照世界。二者一切樂器自然音樂。三者不鼓自鳴。四者一切繫縛自然解脫。五者一切怨家皆生慈心。六者一切疾病自然除愈。七者生盲得眼能見諸色。八者生聾得耳。能聞音聲。九者生跛能行。隨意遊戲。十者生狂得念。憶想分明。十一者瘖瘂能言。十二者乘船漂落還得本處。十三者地及虛空所有七寶自然光明。十四者眾川萬流停住不行。十五者一切飛鳥有翅之屬歡喜而住。十六者風不動搖。一切寂然。十七者一切眾生相噉食者皆生慈心。十八者一切諸天還其宮殿。嬉笑快樂。十九者阿鼻地獄猛火自滅。二十者飢得飽滿。二十一者一切餓鬼無有渴乏。二十二者於四天下普興大雲等注大雨。二十三者月光明曜。二十四者衆星晝現。二十五者日盛清明。二十六者一切華樹即便生華。二十七者一切果樹自然成果。二十八者三千大千世界出大天香。無有臭穢。二十九者菩薩生時即行七步。三十者虛空白繖自然蔭覆。三十一者行七步已顧視十方。三十二者作師子吼。毗舍佉是名菩薩初生之時三十二法一時俱現。毗舍佉母白佛言。世尊。菩薩生時以何因緣震動三千大千世界。佛告毗舍佉。菩薩生時地大震動者。菩薩現此生盡無復煩惱。一切衆生應得道者煩惱將滅。是故地動。毗舍佉。菩薩生時自然光明照世界者。菩薩爲得三達智故。毗舍佉。菩薩生時世間樂器自然鳴者。菩薩爲得八三昧故。毗舍佉。菩薩生時不鼓自鳴者。菩薩爲欲擊大法鼓故。毗舍佉。菩薩生時一切繫縛自然解脫者。菩薩爲欲度脫一切衆生老病死故。毗舍佉。菩薩生時一切怨家生慈心者。菩薩爲得四無量心故。毗舍佉。菩薩生時疾病除愈者。菩薩爲欲滅除一切煩惱病故。毗舍佉。菩薩生時盲得眼者。菩薩爲得聖智眼故。毗舍佉。菩薩生時聾得耳者。菩薩爲得聖天耳故。毗舍佉。菩薩生時跛能行者。菩薩爲得四神足力故。毗舍佉。菩薩生時狂得念者。菩薩爲得安那般那念故。毗舍佉。菩薩生時瘂能言者。菩薩爲得通達如來所知法故。毗舍佉。菩薩生時漂船還者。菩薩爲得八直正道開示衆生故。毗舍佉。菩薩生時地及虛空七寶光明者。菩薩爲得四無礙智故。毗舍佉。菩薩生時衆川萬流住不行者。菩薩爲得煩惱四流已停住故。毗舍佉。菩薩生時一切飛鳥歡喜住者。菩薩爲破諸邪見故。毗舍佉。菩薩生時風不動搖者。菩薩爲得常樂滅盡三昧故。毗舍佉。菩薩生時衆生相噉生慈心者。菩薩爲得四部眷屬尊卑貴賤得和合故。毗舍佉。菩薩生時諸天還宮喜笑住者。菩薩成佛時諸善男子及善女人出家學道得阿羅漢。所作已辦。斷絕。三界生。死之源。棄捨。重擔。無爲。無欲。常樂。靜。處。熙怡。喜笑。各相。謂言。我等。今者。已。得。度脫。生。老。病。死。更不受。胎。處。於。生。死。淸淨。無。染。猶如。水。滴。在。蓮。荷。上。無所。染。著。毗舍佉。菩薩生時阿鼻地獄猛火滅者。菩薩爲欲滅除衆生三毒煩惱熾然火故。毗舍佉。菩薩生時飢得飽滿者。菩薩爲得身念三昧故。毗舍佉。菩薩生時餓鬼渴乏無渴乏之者。菩薩爲得解脫水故。毗舍佉。菩薩生時大雲注雨者。菩薩為欲雨大法雨普潤眾生故。毗舍佉。菩薩生時月光曜者。菩薩成佛時為諸眾生歡喜瞻仰故。毗舍佉。菩薩生時眾星晝現者。菩薩成佛時為令聲聞弟子現於世間故。毗舍佉。菩薩生時日光赫烈者。菩薩為得六通大聲聞故。毗舍佉。菩薩生時華樹生華者。菩薩為令聲聞弟子得解脫華故。毗舍佉。菩薩生時果樹生果者。菩薩為令聲聞弟子得四沙門果故。毗舍佉。菩薩生時大千世界出天香者。菩薩為得如來戒香徧滿世間故。毗舍佉。菩薩生時蹈地七步者。菩薩為得七菩提道故。毗舍佉。菩薩行時自織蘙覆者。菩薩爲得涅槃蔭故。毗舍佉。菩薩行已示東方者。爲諸衆生作導首故。毗舍佉。示南方者。爲諸衆生作良福田故。毗舍佉。示西方者。我生已盡是最後身故。毗舍佉。示北方者。於一切衆生我得阿耨多羅三藐三菩提故。毗舍佉。示下方者。爲欲破魔兵衆令其退散故。毗舍佉。示上方者。爲諸天人之所歸依故。毗舍佉。作師子吼者。於天人中最尊最上一切衆生無能及者故。爾時世尊而說偈言。

世間之導首　無上大聖尊　生時現瑞相

衆生良福田。　輪轉三界中　此爲最後生
於世間智慧　如來最第一。　破魔兵衆已
應供大名聞　世間未曾有　天人所歸依。
世尊初生時　三十二瑞應　微妙奇特相
悉皆一時現。　菩薩從胎出　地六種震動
自然大光明　徧照於十方。　令衆生毛竪
各各相謂言　願速得成佛　當雨大法雨。
洗除煩惱垢　令我得解脫　是故我今者
歸命無上尊。

爾時世尊說此偈已。告毗舍佉。諸佛如來不可思議。

佛所說法不可思議諸善男子及善女人信佛所說
亦不可思議所得果報亦不可思議譬如大雨潤澤
一切人非人等皆得充足及諸草木亦得生長如來
法雨亦復如是普潤一切無量衆生應得度者聞此
法已皆得道果若於人天受果報者隨其所願皆悉
得之是故汝今應當專心受持此法於未來世令諸
四輩皆得修行說是法時六萬天人得法眼淨餘諸
天龍阿修羅乾闥婆迦樓羅緊那羅摩睺羅伽人非
人等皆悉奉行毗舍佉母得法眼淨所將眷屬千五
百人於佛法僧得堅固信無有退轉皆大歡喜作禮

而去。

優婆夷淨行法門經卷下

四十二章經鈔

隋費長房歷代三寶記引舊錄云本是外國經鈔元出大部撮要引俗似此孝經十八章

佛言辭親出家爲道識心達本解無爲法名曰沙門常行二百五十戒爲四眞道行進志清淨成阿羅漢阿羅漢者能飛行變化住壽命動天地次爲阿那含阿那含者壽終魂靈上十九天於彼得阿羅漢次爲斯陀含斯陀含者一上一還即得阿羅漢次爲須陀洹須陀洹者七死七生便得阿羅漢愛欲斷者譬如四支斷不復用之

佛言剃除鬚髮而爲沙門受道法者去世資財乞求取足日中一食樹下一宿愼不再矣使人愚弊者愛與欲也

佛言衆生以十事爲善亦以十事爲惡身三口四意三身三者殺盜婬口四者兩舌惡罵妄言綺語意三者嫉恚癡不信三尊以邪爲眞優婆塞行五事不懈退至十事必得道也

佛言人有衆過而不自悔頓止其心罪來歸身猶水歸海自成深廣矣有惡知非改過得善罪日消滅後會得道也

佛言人愚以吾爲不善吾以四等慈護濟之重以惡來者吾重以善往福德之氣常在此也害氣重殃反在于彼有人聞佛道守大仁慈以惡來以善往故來駡佛佛嘿然不荅愍之癡冥狂愚使然駡止問曰子以禮從人其人不納實禮如之乎曰持歸今子駡我我亦不納子自持歸禍子身矣猶響應聲影之追形終無免離愼爲惡也

佛言惡人害賢者猶仰天而唾唾不汙天還汙已身逆風坋人塵不汙彼還坋于身賢者不可毀禍必滅己也

佛言夫人為道務博愛博哀施德莫大施守志奉道其福甚大覩人施道助之歡喜亦得福報質曰彼福不當減乎佛言猶若炬火數千百人各以炬來取其火去熟食除冥彼火如故福亦如之

佛言飯凡人百不如飯一善人飯善人千不如飯持五戒者一人飯持五戒者萬人不如飯一須陀洹飯須陀洹百萬不如飯一斯陀含飯斯陀含千萬不如飯一阿那含飯阿那含一億不如飯一阿羅漢飯阿羅漢十億不如飯辟支佛一人飯辟支佛百億不如以三尊之教度其一世二親教千億不如飯一佛學

願求佛欲濟衆生也。飯善人福最深重。凡人事天地鬼神。不如孝其親矣。二親最神也。

佛言。天下有五難。貧窮。布施難。豪貴。學道難。制命不死難。得覩佛經難。生值佛世難。有沙門問佛。以何緣得道。奈何知宿命。佛言。道無形。相知之無益。要當守志行。譬如磨鏡。垢去明存。卽自見形。斷欲守空。卽見道眞。知宿命矣。

佛言。何者爲善。惟行道善。何者最大。志與道合大。何者多力。忍辱最健。忍者無怨。必爲人尊。何者最明。心垢除。惡行滅。內淸淨無瑕。未有天地。逮于今日。十方所有。未嘗不見。得無不知。無不見。無不聞。得一切智。可謂明乎。

佛言人懷愛欲不見道譬如濁水以五彩投其中致力攪之衆人共臨水上無能覩其影者愛欲交錯心中爲濁故不見道水澄穢除清淨無垢卽自見形猛火著釜下中水踊躍以布覆上衆生照臨亦無覩其影者心中本有三毒涌沸在內五蓋覆外終不見道要心垢盡乃知魂靈所從來生死所趣向諸佛國土道德所在耳。

佛言夫爲道者譬如持炬火入冥室中其冥卽滅而

明猶在。學道見諦。愚癡都滅。得無不見。

佛言。吾何念念道。吾何行行道。吾何言言道。吾念諦道。不忽須臾也。

佛言。覩天地念非常。覩山川念非常。覩萬物形體豐熾念非常。執心如此。得道疾矣。

佛言。一日行常念道。行道遂得信根。其福無量。

佛言。熟自念身中四大。各自有名。都為無吾。我者寄生亦不久。其事如幻耳。

佛言。人隨情欲。求華名。譬如燒香。衆人聞其香。然香以熏自燒。愚者貪流俗之名譽。不守道眞。華名危己之禍其悔在後時。

佛言財色之於人譬如小兒貪刀刃之蜜甜不足一食之美然有截舌之患也。

佛言人繫於妻子寶宅之患甚於牢獄桎梏郎當牢獄有原赦妻子情欲雖有虎口之禍已猶甘心投焉其罪無赦。

佛言愛欲莫甚於色色之爲欲其大無外賴有一矣假其二普天之民無能爲道者。

佛言愛欲之於人猶執炬火逆風而行愚者不釋炬必有燒手之患貪婬恚怒愚癡之毒處在人身不早

以道除斯禍者。必有危殃。猶愚貪執炬自燒其手也。
天神獻玉女於佛。欲以試佛意。觀佛道。佛言革囊眾穢。爾來何為。以可誑俗。難動六通。去。吾不用爾。天神愈敬佛。因問道意。佛為解釋。即得須陀洹。
佛言。夫為道者。猶木在水。尋流而行。不左觸岸。亦不右觸岸。不為人所取。不為鬼神所遮。不為洄流所住。亦不腐敗。吾保其入海矣。人為道不為情欲所惑。不為眾邪所誑。精進無疑。吾保其得道矣。
佛告沙門。慎無信汝意。意終不可信。慎無與色會。色會即禍生。得阿羅漢道。乃可信汝意耳。

佛告諸沙門。慎無視女人。若見無視。慎無與言。若與言者。斂心正行。曰吾爲沙門。處于濁世。當如蓮華不爲泥所汙。老者以爲母。長者以爲姊。少者爲妹。幼者如子。敬之以禮。意殊當諦。惟觀自頭至足。自視內。彼身何有。唯盛惡露。諸不淨種。以釋其意矣。

佛言。人爲道去情欲。當如草見火。火來已却。道人見愛欲。必當遠之。

佛言。人有患婬情不止。踞斧刃上。以自除其陰。佛謂之曰。若斷陰。不如斷心。心爲功曹。若止功曹。從者都息。邪心不止。斷陰何益。斯須卽死。佛言。世俗倒見如斯癡人。

有婬童女與彼男誓至期不來而自悔曰欲吾知爾本意以思想生吾不思想爾即爾而不生佛行道聞之謂沙門曰記之此迦葉佛偈流在俗間。

佛言人從愛欲生憂從憂生畏無愛即無憂不憂即無畏。

佛言人爲道譬如一人與萬人戰被鉀操兵出門欲戰意怯膽弱乃至退走或半道還或格鬭而死或得大勝還國高遷夫人能牢持其心精銳進行不惑于流俗狂愚之言者欲滅惡盡必得道矣。

有沙門夜誦經甚悲。意有悔疑。欲生思歸。佛呼沙門問之。汝處于家。將何修爲。對曰。恒彈琴。佛言。絃緩何如。曰。不鳴矣。絃急何如。曰。聲絕矣。急緩得中何如。曰。諸音普矣。佛告沙門。學道猶然。執心調適。道可得矣。

佛言。夫人爲道。猶所鍛鐵。漸深棄去垢。成器必好。學道以漸深。去心垢。精進就道。暴即身疲。身疲即意惱。意惱即行退。行退即修罪。

佛言。人爲道亦苦。不爲道亦苦。惟人自生至老。自老至病。自病至死。其苦無量。心惱積罪。生死不息。其苦難說。

佛言夫人離三惡道得爲人難既得爲人去女即男難既得爲男六情完具難六情已具生中國難既處中國值奉佛道難既奉佛道值有道之君難既值有道之君生菩薩家難既生菩薩家以心信三尊值佛世難。

佛問諸沙門人命在幾間對曰在數日間佛言子未能爲道復問一沙門人命在幾間對曰在飯食間佛言子未能爲道復問一沙門人命在幾間對曰呼吸之間佛言善哉子可謂爲道者矣。

佛言弟子去離吾數千里意念吾戒必得道在吾左

側意在邪。終不得道。其實在行。近而不行。何益萬分耶。

佛言人爲道猶若食蜜中邊皆甜。吾經亦爾。其義皆快。行者得道矣。

佛言人爲道能拔愛欲之根。譬如摘懸珠。一一摘之會有盡時。惡盡得道也。

佛言諸沙門行道當如牛負行深泥中。疲極不敢左右顧。趣欲離泥以自蘇息。沙門視情欲甚於彼泥。直心念道可免衆苦。

佛言吾視王侯之位如過客。視金玉之寶如礫石。視氎素之好如弊帛。

四十二章經鈔

此本據宋刻校刊故與坊間所行者文句歧異讀者勿疑

國家圖書館出版品預行編目資料

在家必讀內典（木刻珍藏版）／歐陽漸選編. -- 初版. -- 新北市：華夏出版有限公司, 2023.11
面； 公分. --（圓明書房；024）
ISBN 978-626-7296-41-7（平裝）
1.CST：佛經

221 112006366

圓明書房 024
在家必讀內典（木刻珍藏版）

選　編　歐陽漸
印　刷　百通科技股份有限公司
電話：02-86926066 傳真：02-86926016
出　版　華夏出版有限公司
220 新北市板橋區縣民大道 3 段 93 巷 30 弄 25 號 1 樓
電話：02-32343788 傳真：02-22234544
E-mail：pftwsdom@ms7.hinet.net
總經銷　貿騰發賣股份有限公司
新北市 235 中和區立德街 136 號 6 樓
電話：02-82275988 傳真：02-82275989
網址：www.namode.com
版　次　2023 年 11 月初版一刷
特　價　新臺幣 600 元（缺頁或破損的書，請寄回更換）

ISBN-13：978-626-7296-41-7